Le jour où je suis devenue moi-même

DE LA MÊME AUTEURE, AUX ÉDITIONS LEDUC.S

Domptez votre hypersensibilité, c'est malin, 2017.

Édition : Céline Haimé

Maquette : Patrick Leleux PAO

Illustrations : Fotolia

29, boulevard Raspail

75007 Paris – France

ISBN : 979-10-285-1366-5

ROMAN BIEN-ÊTRE

Nathalie **Clobert**

Le jour où je suis devenue moi-même

Le roman initiatique du haut potentiel

LEDUC.S PRATIQUE

À *ceux qui se cachent.*

Aux bâtisseurs de rêves.
Au temps passé ensemble à refaire bien des mondes. Parce que l'imagination est l'un des plus beaux laboratoires de l'intelligence.

JULIE

1

La cour du lycée Baudelaire baigne dans la lumière froide du soleil matinal d'automne. Un brouhaha diffus emplit l'espace sonore, ponctué d'éclats de rire et de cris. Julie s'est habituée au bruit des écoles. Emmitouflée dans sa veste en polaire, adossée au mur glacé de l'établissement, elle regarde la cour se remplir petit à petit. Il est huit heures vingt. Un moment privilégié pour observer les relations entre les élèves et pour prendre la température émotionnelle de ses « bébés », comme elle aime parfois les appeler. *De grands bébés,* reconnaît Julie. Mais tout de même, elle ne peut pas s'empêcher de porter sur eux un regard empreint d'une bienveillance maternelle. C'est pour elle tout le paradoxe de l'adolescence : à la fois une lutte éperdue pour l'indépendance, et l'incapacité à être pleinement autonome. Ses bébés ont des airs de grands auxquels il ne faut surtout pas toucher, sous peine de provoquer l'opposition et la révolte. Et en même temps, ils ont encore tant besoin d'affection, de reconnaissance et de protection. Dialoguer avec un adolescent est un art délicat, auquel Julie s'exerce tous les jours. D'ailleurs, s'il y a bien une chose dont elle peut être fière – elle qui a d'habitude si peu confiance en elle – c'est bien de cela. À force d'être sollicitée, par les élèves comme par les enseignants, il a bien fallu qu'elle se rende à l'évidence. Elle *aime* travailler avec les adolescents. Et ils le lui rendent bien.

Les salutations matinales se multiplient à mesure que l'heure avance. Julie distribue les bonjours, répond par un signe de la main ou par un sourire. Et l'espace d'un instant, elle voit les visages s'éclairer, avant que leurs propriétaires ne retournent à d'autres occupations. *L'importance de l'accueil,* pense-t-elle. Julie est contente de contribuer à rendre plus sereine cette transition vers l'espace scolaire. Un élève qui ne recule pas devant le portail du lycée, c'est déjà une petite bataille de gagnée dans le grand combat des apprentissages. Elle y participe à sa manière, peut-être modestement, mais avec la douceur et la chaleur dont elle est capable.

Les groupes d'adolescents se forment au fur et à mesure des arrivées. Julie peut presque deviner à l'avance vers quels camarades ira chaque élève qui franchit la grille. Loïs rejoint trois garçons habillés en jogging, qui parlent fort et s'invectivent de noms d'oiseaux. De chacun de leurs gestes se dégage une maladresse virile : il faut forcer le trait pour paraître un homme, quand on est à peine sorti de l'enfance. Ils accueillent le nouveau venu avec bruit, et de grandes tapes dans le dos. Ceux-là, ils lui donnent parfois du fil à retordre, mais ils ne sont pas méchants. Julie sait comment les prendre.

Matéo contourne soigneusement le groupe de garçons pour se diriger vers un élève au look excentrique qui se tient en retrait, absorbé dans la lecture d'un manga. Ils se saluent en souriant, jettent un œil moqueur vers le groupe de garçons, avant de discuter tranquillement. Matéo sort un autre manga de son sac, et le tend à son camarade, qui le range aussitôt avec un air de reconnaissance. Julie est contente que ces deux-là se soient trouvés. Elle est sûre qu'ils auront beaucoup à partager. Elle esquisse un sourire en les regardant bavarder dans la cour. La naissance d'une amitié est précieuse dans ce monde scolaire parfois tourmenté. Les relations entre adolescents ne sont pas toujours tendres. Pour eux, elle est rassurée. Pour l'année, au moins. Les premiers jours d'octobre s'égrènent doucement.

En revanche, elle est beaucoup moins rassurée pour Chloé, une élève de première qui a visiblement du mal à trouver ses repères. Julie la cherche du regard, mais ne la voit pas. Elle a manqué deux fois les cours la semaine dernière. Le peu de fois que Julie l'a aperçue, Chloé avait l'air triste. Elle s'était éclipsée rapidement à son approche, sans doute pour ne pas avoir à lui parler. On lui cachait difficilement quelque chose. Soucieuse, Julie s'avance dans la cour et se dirige vers la grille : la journée va bientôt commencer. Dès que la sonnerie retentit, les élèves se dirigent par petits groupes vers les salles de classe. Julie saisit la poignée en métal et referme lentement la grille. Elle allait sortir son trousseau de clés lorsque Chloé se plante devant elle, essoufflée.

— Je suis désolée, balbutie-t-elle en peinant à retrouver son souffle.

Elle est pâle. Son visage semble plus creusé qu'à l'ordinaire et des cernes entourent ses yeux bleus.

— Bonjour, Chloé, répond Julie avec un sourire indulgent, il était moins une !

— Oui, je sais. J'ai eu une panne de réveil ce matin.

Chloé est gênée. Julie soupire. Elle ouvre la grille et s'écarte pour la laisser passer.

— Allez, entre !

— Merci, Julie !

La jeune fille file dans la cour. Julie la regarde se hâter vers les salles de classe. Quelque chose ne va pas. Chloé est une élève introvertie qui semble dans son monde, Julie l'a remarqué l'année dernière. En seconde, les filles de sa classe ne recherchaient pas sa compagnie, elle était souvent isolée. Elle avait noué des liens en cours d'année avec Hélène, une élève plus âgée de terminale littéraire : elles habitaient dans la même rue et faisaient souvent le trajet ensemble. Mais Hélène avait eu son bac et allait maintenant à l'université. De toute évidence, cette rentrée semblait compliquée pour Chloé, qui se retrouvait de nouveau seule.

Julie fait le tour de la cour, explore ses recoins cachés, pour vérifier que tout le monde est bien en classe. Puis, tout en réfléchissant, elle se dirige vers la salle des professeurs. Elle espère y trouver Agathe, la professeure de philosophie, qui ne commence qu'à neuf heures et demie mais est souvent en avance. Dans le couloir règne une chaleur bienvenue quand on vient de l'extérieur : Julie aime cette sensation réconfortante à chaque fois qu'elle entre dans l'espace réservé au personnel de l'établissement. Une odeur de café plane dans l'air. Elle devient de plus en plus entêtante à mesure que Julie approche de la salle des professeurs. Elle entend la rumeur des quelques conversations qui, elle aussi, va croissant. Julie pourrait retrouver cette pièce les yeux fermés, guidée par ses sens. La salle des professeurs est une grande pièce rectangulaire éclairée par de hautes fenêtres datant de la construction de l'édifice. Elle est organisée autour d'une table centrale, formée de tables plus petites assemblées et entourées de chaises en bois, où une vingtaine de personnes peuvent amplement tenir assises. L'un des murs de la salle est presque entièrement couvert de casiers en bois patinés par le temps, munis d'une fente, comme de grandes boîtes aux lettres qui auraient été chinées dans une brocante et exposées par un artiste moderne. De l'autre côté est accroché un tableau en liège, couvert de courriers et d'affichettes diverses. Dans un coin trône la machine à café, fumante, autour de laquelle trois professeurs sont en train de discuter. À l'autre extrémité de la pièce, Julie découvre Agathe, occupée à lire le courrier qu'elle vient de sortir de sa case.

Agathe est une femme grande et fine, à l'âge indéfinissable. Elle porte une longue robe grise, ample et très simple, qui accentue encore l'aspect élancé de sa silhouette. Ses longs cheveux blonds, parsemés de quelques mèches grises, sont retenus à l'arrière de sa tête par un élastique. Les traits de son visage sont fins et droits, lui donnant tour à tour un air sévère ou angélique, en fonction des expressions qu'elle arbore et de son humeur du moment. Son regard intense, d'un bleu glacier, traduit le caractère aiguisé de son jugement comme la profondeur de sa pensée. Agathe est de ces femmes qui ne laissent personne indifférent. De celles qui fascinent, ou qui effraient. Elle se tient à distance des mouvements qu'elle suscite chez les autres, et traverse l'établissement dans une indifférente solitude. La solitude complice de ceux qui ont appris à ne compter que sur eux-mêmes.

Julie et Agathe se sont tout de suite bien entendues. Aux yeux du personnel du lycée, l'amitié qui existe entre elles est une énigme. La seule explication qui leur paraît légitime réside dans la grande tolérance de Julie. Il est bien connu que la surveillante s'entend avec tout le monde. D'ailleurs, comment pourrait-on ne pas l'apprécier ? Elle est toujours aimable, prête à rendre service, et elle sait si bien écouter – sans jamais contredire. Elle a décidément bien du mérite de tolérer l'inquiétante étrangeté de la professeure de philosophie, qui met tout le monde mal à l'aise.

Mais, pour Julie comme pour Agathe, il en va tout autrement. Leur rencontre ne s'est pas faite à travers un masque social, mais directement d'une intimité à une autre. Comme si elles se connaissaient avant même de se rencontrer, et s'étaient simplement reconnues. Elles sont en apparence très différentes. Pourtant, Julie a l'intuition qu'elles partagent quelque chose d'important, sans trop bien savoir quoi. Bien sûr, Julie aime la philosophie depuis le lycée. Mais ce qui les unit est au-delà de la philo.

Elle s'avance vers Agathe, qui sourit en la reconnaissant. Elles se font la bise.

— Coucou ! Comment vas-tu ? dit Agathe avec chaleur.

— Un peu fatiguée. Lucas s'est réveillé cette nuit. Il a fait un cauchemar. J'ai mis du temps à le persuader de retourner dans sa chambre et à le rendormir.

Un air inquiet passe sur son visage. Elle ajoute :

— Je trouve qu'il fait beaucoup de cauchemars en ce moment.

— Pauvre bonhomme… et pauvre maman, répond Agathe avec compassion. Le mien était souvent malade petit. J'en ai passé des nuits à me relever pour voir s'il allait bien.

— Oui, les premières années ne sont pas toujours faciles. Et toi, comment vas-tu ?

— Comme un lundi !

Agathe soupire. Puis une lueur d'espoir passe dans son regard, et son visage s'éclaire. Son discours prend une tonalité plus enjouée.

— Mais bon, je commence tout à l'heure le cours sur le bonheur avec les L. J'aime bien aborder ce thème avec eux, c'est toujours très riche.

Julie sourit. Elle se souvient. C'est comme si elle pouvait de nouveau entendre son professeur de philosophie parler de l'atomisme d'Épicure…

— Oui, c'est un thème qui les touche en général. À ce sujet, j'ai quelque chose pour toi.

Julie sort un petit livre bleu, très mince, de la pochette en tissu qu'elle porte en bandoulière et emmène partout avec elle. Sur la couverture, on peut lire en lettres capitales « ÉPICURE ». Juste en dessous, en minuscules, est inscrit « Lettre à Ménécée ».

— Alors, ça y est ! Tu l'as relu ? s'exclame Agathe avec enthousiasme.

— Oui ! Et il est comme dans mon souvenir ! Merci de me l'avoir prêté.

— Garde-le ! Je te l'offre.

— Mais, Agathe…

— J'insiste.

— C'est d'accord. Merci beaucoup !

Julie embrasse son amie avec effusion. Elle est émue. Elle ne sait pas comment réagir quand on lui offre des cadeaux. Elle a l'impression qu'on lui fait un honneur immense qu'elle ne mérite pas. Mais elle sait qu'Agathe le fait de bon cœur. Ce petit livre n'est pas qu'un assemblage de feuilles de papier. C'est une réflexion partagée, une intimité dans la pensée autour d'un sujet qui les touche toutes les deux. Et cela, Julie a envie de l'accueillir et de l'apprécier. Dans cette lettre, Épicure utilise la raison pour aborder une angoisse universelle : il démontre pourquoi l'homme ne doit pas avoir peur de la mort. Ce texte court, écrit avec autant de clarté que de bon sens, fait partie des livres qui ont donné à Julie le goût de la réflexion et de la philosophie. Elles restent un instant à se regarder avec affection. Mais il faut bien se résoudre à commencer sa journée de travail.

— On y va ?

Julie acquiesce d'un signe de tête, et elles se dirigent vers le couloir. Les professeurs autour de la machine à café s'arrêtent un instant de parler, avant de reprendre de plus belle une fois qu'elles ont franchi la porte. *Des pies qui jacassent,* se dit Julie. Agathe doit avoir les oreilles qui sifflent. Julie secoue doucement la tête pour mettre ses pensées à distance. La journée ne fait que commencer.

Elles remontent ensemble le couloir dans un silence complice, puis sortent de l'espace réservé au personnel du lycée pour entrer dans les parties communes. Elles se saluent d'un regard entendu. Julie observe Agathe se diriger vers sa salle de classe, enveloppée dans son indifférence lointaine, un sourire énigmatique aux lèvres. Leurs fonctions respectives ne leur permettent pas de passer autant de temps ensemble qu'elles le voudraient. Pensive, Julie se résigne à marcher vers la « vie scolaire ». C'est de ce nom étrange qu'est baptisé le local où s'effectuent à la fois la gestion administrative des élèves, la surveillance et les actions de prévention. De fait, la vie scolaire est souvent synonyme, pour les élèves, de bureau des surveillants. C'est Mathieu qui travaille avec elle aujourd'hui, et Julie n'est pas particulièrement enchantée de retrouver son collègue. De toute l'équipe des surveillants du lycée, c'est avec lui qu'elle a le moins d'atomes crochus. Elle ne laisse cependant rien paraître en entrant dans le bureau et s'efforce de prendre un ton aimable.

— Bonjour, Mathieu.

— Salut, Julie. Ça va ?

— Un peu fatiguée, mais ça va. Et toi ? répond-elle poliment.

— Complètement défoncé ! J'suis sorti avec des potes hier soir, on est rentrés tard. On s'est bien marrés !

Julie aurait pu le deviner. Mathieu n'était pas à l'heure ce matin pour ouvrir le portail aux élèves et elle s'était occupée de les accueillir seule. Julie n'a rien dit à personne. Mathieu commence à prendre l'habitude qu'elle le couvre. Et à voir sa tête, il a bu hier plus que de raison. Il risque de ne pas être très efficace aujourd'hui… Comme toujours, Julie se contente de sourire.

— On en est où des appels aux parents pour le voyage scolaire ? demande-t-elle, histoire de changer de sujet.

— Hein ? J'en sais rien. D'abord, j'me pose. Après, on verra.

Il s'installe sur l'une des chaises, sort son téléphone portable et regarde ses messages. Il se met à rire en parcourant les réseaux sociaux. Il cherche des traces de sa beuverie d'hier.

Visiblement, il n'a pas envie de travailler. Julie sent la colère monter en elle. *Espèce d'immature irresponsable et égoïste*, se dit-elle intérieurement, *tu t'es demandé une seconde si ça me dérangeait de faire ton boulot à ta place ? Si je n'avais pas besoin d'aide, moi aussi ?* Depuis six ans – la naissance de son fils aîné – Julie a accumulé une sérieuse dette de sommeil qu'elle n'est pas sûre de rattraper un jour. Il y a eu les nuits entrecoupées par les tétées et les biberons, qu'elle a endurées sans broncher parce qu'elle se disait que c'était provisoire. C'était compter sans les poussées dentaires, les rhumes et virus, et plus tard les angoisses nocturnes. Les réveils précoces, même le week-end. Rebelote à la naissance du deuxième. Et cette vigilance maternelle permanente, instinctive, qui ne la fait dormir que d'un œil, rendant son sommeil plus léger et plus fragile encore. La fatigue s'est installée, durablement. Elle fait partie de son quotidien. Elle accompagne chacun de ses gestes, entraînant une lutte permanente pour faire avancer la machine. Mais Julie s'accroche, elle tient bon.

Mathieu vit continuellement dans ce luxe qui consiste à ne s'occuper que de lui-même. Elle a envie de lui dire ce qu'elle vit tous les jours, de lui lancer au visage ce qu'elle pense de son attitude. De le secouer très fort. Mais elle n'en fait rien. À quoi bon ? Julie ravale sa colère. Elle se dirige vers l'étagère et sort les dossiers des élèves. Pendant qu'elle passe les appels, Mathieu continue à regarder son téléphone. Puis, ne trouvant plus rien de nouveau, il sort un paquet de tabac, du papier, des filtres, et se met à rouler une cigarette. Il attend que Julie raccroche le téléphone pour lui poser la question qu'il a en tête depuis quelques minutes.

— Tu traînais avec la prof de philo tout à l'heure ?

— Oui, répond calmement Julie sur un ton aussi neutre que possible.

Elle sent que la suite risque de ne pas lui plaire. Mathieu poursuit :

— Tu la trouves pas bizarre ?

— Bizarre ? Qu'est-ce que tu veux dire ?

Julie fait l'imbécile. Elle voit très bien où il veut en venir, mais elle est décidée à ne pas lui faciliter la tâche.

— Ben, bizarre quoi, répond Mathieu en haussant les épaules.

Il cherche ses mots. Julie se dit que trouver un synonyme doit être pour lui un exercice d'une grande complexité.

— Elle a l'air perchée…

— Ah bon. Tu trouves ? continue Julie sur le même ton naïf.

— Ouais. Faut déjà être pas net pour aimer la philo. Moi j'y comprenais rien quand j'étais en terminale. Alors putain, être prof de philo, c'est flippant.

Il se met à rire. Il est content de son analyse.

— Elle, c'est son truc, la philo. Chacun ses goûts. Je trouvais ça plutôt intéressant, moi, la philo, quand j'étais en terminale.

Mathieu prend un air étonné. Cette information ne correspond pas à l'idée qu'il s'est faite de sa collègue.

— Sérieux ? s'exclame-t-il. Ah, c'est vrai, t'as fait un bac L, toi.

Il a trouvé une justification qui, à ses yeux, donne à Julie des circonstances atténuantes. Il soupire, hausse les épaules de nouveau, puis reprend :

— Non, mais y a pas qu'ça. Elle se la raconte.

Même si Julie n'en laisse rien paraître, la conversation commence à l'agacer sérieusement.

— Ah bon. Pourtant, elle dit bonjour. Elle donne les infos, elle est à l'écoute quand on parle des élèves… se met-elle à énumérer.

— C'est pas ça. Elle est hautaine, quoi. Tu vois ce que je veux dire.

— Non.

Julie arbore un air candide. Elle doit bien admettre que voir Mathieu se dépêtrer dans ses explications a quelque chose d'amusant.

— Tu charries ! Elle parle avec des phrases compliquées. Avec des mots que personne emploie. On dirait qu'elle le fait exprès, juste pour sortir sa science !

Mathieu commence à s'enflammer. Il continue avec verve :

— Et puis, elle s'intéresse pas aux mêmes trucs que nous. Elle regarde pas la télé, on dirait ! Elle est jamais au courant de rien ! Elle est complètement à la masse ! Elle est pas comme nous, tu vois bien…

Un éclair passe sur son visage. Il a fait une trouvaille :

— Si ça s'trouve, elle a un chromosome en plus… ou en moins !

Et il se met à rire de nouveau. Il rit tellement qu'il a du mal à s'arrêter. Julie se contente de sourire, ce que Mathieu prend pour une marque de complicité. Et il continue à rire de plus belle.

Voilà, on y est. C'est incroyable à quel point les gens peuvent être complexés par les personnes un tant soit peu instruites, au point de se sentir menacés sans même en avoir conscience. Et à quel point ils peuvent faire preuve de cruauté. Décidément, la différence est difficile à accepter. Julie observe les mêmes relations entre les adolescents dans la cour de récréation du lycée. Elle en est consternée. Non, cela ne s'arrête pas à l'école. Pour certains, le temps ne change rien à l'affaire. On retrouve les mêmes gens, intolérants et bornés, dans le monde du travail. Et ce qui est dramatique, c'est qu'ils peuvent y faire les mêmes dégâts, quand ils sont en position de pouvoir ou quand ils se sentent soutenus par le groupe.

Il serait facile de renvoyer à Mathieu ses complexes, d'appuyer où ça fait mal. De lui balancer au visage les faiblesses qu'il n'arrive pas à accepter. Tellement facile. Tellement tentant de rendre coup pour coup. Pour Agathe. Et peut-être un peu pour elle aussi. Mais à quoi bon dire à Mathieu ce qu'elle en pense ? Il n'est pas capable de se remettre en question. Et le prix à payer serait énorme. La colère de Julie se mue peu à peu en tristesse. Elle a horreur des conflits. Elle tient à son confort au travail. Et pour cela, elle a appris à se protéger. Ne rien dire, rester discrète. Ne surtout pas se faire remarquer. Se couler dans le moule. Justement, elle sent qu'elle est prête à déborder. Mieux vaut battre en retraite.

— T'es en forme ! Je te laisse le bureau cinq minutes, faut que j'y aille.

Julie pointe la direction des toilettes.

— OK ! Pas de souci ! répond Mathieu avec des airs de largesse.

C'est connu, les filles passent leur temps à aller aux toilettes. Mathieu se sent un peu l'âme d'un gentilhomme quand il reprend la permanence pour laisser à Julie son moment d'intimité. Il lui doit bien ça, au fond. Il la trouve quand même cool.

Julie se précipite vers les toilettes du premier étage, là où elle est sûre de ne croiser ni surveillants ni professeurs. Et à cette heure-ci, les élèves sont en cours. L'endroit idéal pour craquer incognito. Elle monte les escaliers quatre à quatre, bifurque à droite dans le couloir, entre dans les toilettes réservées aux filles, referme vigoureusement la porte, s'y adosse. Et souffle bruyamment. Une fois la tension atténuée, elle marche lentement jusqu'aux vasques blanches et s'observe dans le miroir. Julie est de taille moyenne. Elle a des formes sans être forte. Les traits de son visage sont doux, tout en courbes, entourés de longs cheveux bruns qui lui tombent sur les épaules. Ses yeux noisette, qui d'ordinaire pétillent, sont rougis et baignés par un fond de larmes. Julie est arrivée juste à temps. Elle sort un mouchoir de sa pochette et l'applique à la base des cils, pour absorber les légers signes de débordement. Elle attache ses cheveux avec un élastique, fait couler l'eau, et se rafraîchit le visage. Elle inspecte le résultat. On ne voit presque plus rien. Elle n'est pas si mal, tout compte fait. Julie a trente-cinq ans, mais on lui donne à peine la trentaine. Elle paraît plus jeune que son âge. Ce qu'elle a vécu naguère comme un handicap commence à devenir un avantage. Elle s'efforce de sourire à son reflet, de prendre un air enjoué. Il faut porter le masque de nouveau.

Julie allait sortir des toilettes lorsqu'elle entend le bruit à peine perceptible de sanglots étouffés. Elle s'arrête et s'efforce de maintenir le silence. Les bruits proviennent de la cabine du fond. Julie s'approche doucement et écoute. Quelqu'un pleure. Elle prend une respiration ample, puis toque discrètement. Le bruit cesse. Personne ne répond. Elle peut sentir l'angoisse de l'autre côté de la porte. Julie prononce d'un ton doux et bienveillant :

— C'est Julie, la surveillante. Est-ce que je peux vous aider ?

— Julie ? gémit timidement une petite voix familière.

Le bruit d'un loquet qu'on tourne se fait entendre et la porte s'ouvre sur Chloé, qui est appuyée contre le mur, le visage baigné de larmes.

— Chloé ! Qu'est-ce qui se passe ?

En guise de réponse, la lycéenne éclate en sanglots. Elle semble effondrée. Julie réfléchit à toute vitesse. Tôt ou tard, les bruits risquent d'attirer des curieux. Les toilettes sont un refuge temporaire dont il ne faut pas surestimer la puissance protectrice. Les autres élèves ne doivent pas la voir en pleurs. Elle connaît la cruauté dont les adolescents peuvent faire preuve à l'égard de ceux qui sont sensibles. Elle a besoin d'un lieu où elle puisse s'effondrer en toute sécurité.

— Viens, allons dans un endroit tranquille, dit-elle à la jeune fille d'un ton rassurant.

Elle regarde dans le couloir pour vérifier que la voie est libre, prend Chloé par la main et l'entraîne devant la salle 104. Elle est vide à cette heure de la journée. Julie sort son trousseau de clés, ouvre la porte, entre avec Chloé, puis referme derrière elles. La lycéenne s'effondre sur une chaise en pleurant. Julie s'installe à côté d'elle. Dans ce genre de cas, il ne sert à rien de se presser. Elle se contente d'attendre que le torrent de larmes s'épuise et que Chloé puisse reprendre son souffle. Elle demande alors avec douceur :

— Bon, est-ce que tu te sens de m'expliquer ce qui t'arrive ?

La lycéenne acquiesce. Mais parler semble encore difficile. Julie se décide à l'aider :

— Est-ce que quelque chose ne va pas à la maison ?

— Non, murmure-t-elle.

— Au lycée ?

— Oui... ils...

Chloé ne parvient pas à finir sa phrase et se remet à pleurer. Julie attend que l'orage se calme de nouveau. La lycéenne reprend courageusement :

— Ils m'insultent tous les jours... Ils disent que je suis moche, que tout le monde me déteste, que je ferais mieux de me suicider.

La surveillante écoute attentivement. Comment se peut-il qu'elle soit passée à côté de ça ? Elle a pourtant l'œil sur Chloé en ce moment – enfin, quand elle le peut, car la jeune fille est souvent absente.

— Qui t'insulte, Chloé ?

— Sarah, ses copines, et des gens que je ne connais même pas...

— Comment ça ? Ici ?

— Non. Ici, ils font attention. Sur les réseaux sociaux.

Julie comprend mieux pourquoi elle n'a rien vu.

— Tu peux me raconter ?

— Oui. En fait, pendant les vacances, j'ai accepté des gens de mon ancienne classe comme amis sur mon profil. Des copains de Sarah m'ont demandée aussi, alors je me suis dit pourquoi pas. Et je les ai ajoutés aussi. Sarah m'a invitée à une fête chez elle juste avant la rentrée. C'était sympa. J'y suis allée. Tu vois, je voulais me faire des amis. Parce que depuis qu'Hélène est partie, je n'ai plus personne au lycée.

Chloé marque une pause, avant de continuer :

— Bref. À la soirée, il y avait Loïs. Il me regardait l'année dernière avec ses copains, mais je ne me doutais pas qu'il voulait sortir avec moi. Je pensais que c'était juste pour se moquer. Il a essayé de m'embrasser pendant la soirée, mais je n'ai pas voulu. Je n'ai rien contre lui, mais il ne me plaît pas, Loïs. Il n'a pas aimé du tout. Il s'est mis à m'insulter. Sarah a tout vu. Et tu sais, Sarah, je crois qu'elle voulait sortir avec lui. Alors ça ne lui a pas plu de voir que Loïs m'avait draguée. Elle s'est mise à m'ignorer. Je ne me sentais pas bien, alors je suis rentrée chez moi.

— D'accord. Et que s'est-il passé ensuite ?

— Quand je me suis réveillée le lendemain, Sarah avait posté des insultes sur mon profil. Je ne sais pas ce qu'elle a raconté aux autres, mais ils se sont mis à me menacer par messages. D'abord des amis à elle, puis des personnes que je n'avais jamais vues. C'était de pire en pire. J'ai essayé de ne pas faire attention. J'ai finalement supprimé mon profil et j'en ai recréé un autre. Mais quand je suis rentrée au lycée, j'ai eu l'impression que des gens de ma nouvelle classe avaient entendu parler de moi, alors que je ne les connaissais même pas. C'est comme s'ils se moquaient de moi. Je ne savais pas où me mettre. Et puis il y a une semaine, ils ont trouvé mon nouveau profil et ils ont recommencé…

Chloé se met de nouveau à pleurer.

— Est-ce que tu en as parlé à tes parents ?

— Non. Je ne veux pas qu'ils s'inquiètent.

— Chloé, c'est grave ce qu'ils font. Il va falloir que tu le dises à tes parents.

— Je sais.

— Est-ce que tu te sens capable de retourner en cours aujourd'hui ?

Chloé regarde Julie avec désespoir.

— Je crois que je n'arriverai pas à revoir leurs têtes…

— Bon, on va appeler tes parents pour qu'ils viennent te chercher. Tu as beaucoup de choses à leur dire, je crois. Et il va aussi falloir qu'on en parle au CPE. Tu es d'accord ?

La lycéenne acquiesce. Même si c'est difficile, elle a l'air soulagée de ne plus porter ce secret seule. Julie lui laisse un peu de temps pour sécher ses larmes et se remettre de ses émotions. Puis elle l'emmène voir le conseiller principal d'éducation. Après avoir échangé avec son collègue et rassuré Chloé, Julie repart vers son bureau. Elle a encore des tâches administratives à terminer.

Elle longe le couloir quand elle reçoit un appel. Depuis qu'elle est maman, elle garde toujours son téléphone sur elle. On ne sait jamais ce qui peut arriver. Elle reconnaît le numéro de l'école de Lucas. Elle décroche aussitôt et entend une voix sèche :

— Bonjour, madame Tarel ?

— Oui.

— Je suis la directrice de l'école des Acacias. Je vous appelle concernant votre fils, Lucas.

Julie a une brusque montée d'angoisse.

— Que se passe-t-il ?

— Rassurez-vous, Lucas va très bien. Je vous appelle parce que sa maîtresse et moi-même souhaitons vous rencontrer rapidement.

— Oui, bien sûr. Pourquoi souhaitez-vous nous voir ?

— Je vous l'expliquerai lors du rendez-vous. Vous êtes disponible jeudi à dix-sept heures ?

— Je devrais réussir à me libérer. J'en parlerai à mon mari. Je vous confirme ça demain ?

— Très bien. Je vous souhaite une bonne soirée.

— À vous également.

Étrange. Songeuse, Julie se demande quel sujet lui vaut l'honneur de rencontrer en rendez-vous particulier la maîtresse de Lucas et la directrice d'école réunies…

2

Julie fait tourner la clé dans la serrure et ouvre la porte de la maison. Avec un soupir de soulagement, elle laisse doucement tomber dans l'entrée les deux cartables, les manteaux et un sac de courses bien rempli. Du haut de l'étage se fait entendre un bruit sourd caractéristique, suivi de petits piétinements. Platon vient de descendre d'un lit où il n'était pas censé être. Il est sorti de la chambre, et saute de marche en marche à sa rencontre. Il ralentit sa course en entendant les voix des enfants se rapprocher. Il s'assoit au milieu de l'escalier et entonne un miaulement de bienvenue. Julie regarde le chat.

— Bonjour, Platon, moi aussi je suis contente de te voir !

Platon bâille. De toute évidence, la journée a été difficile.

Les voix des enfants se rapprochent de plus en plus. Lucas pousse la porte qui vient claquer contre le mur et entre dans la maison en courant.

— Doucement ! proteste Julie.

Il est suivi de près par son petit frère Noé qui crie :

— Donne-moi ! C'est à moi !

Julie attrape Noé, qui tente de se dégager pour rejoindre son frère.

— Lucas, viens ici ! lance Julie en direction de la cuisine où il a disparu.

— Mais, maman…

— J'ai dit, viens !

Lucas revient en traînant les pieds, les mains derrière le dos. Accroché à la jambe de Julie, Noé balbutie en pleurant :

— Maman… il m'a pris… bouhouhou…

Julie regarde Lucas d'un air interrogateur. Ce dernier évite le regard de sa mère et baisse la tête.

— Que se passe-t-il ? demande Julie.

Lucas ne dit rien. Noé expose sa réclamation :

— Il m'a pris mon bon point !

— Lucas, montre-moi ce que tu as dans la main, dit Julie, doucement mais fermement.

L'enfant tend timidement l'une de ses mains et ouvre le poing. Sur sa paume apparaît un petit morceau de papier rectangulaire, sur lequel est imprimé en gros le chiffre un, suivi d'un petit soleil jaune.

— Il était tombé par terre ! se défend Lucas.

— Enfin, tu sais bien que ce sont les bons points de Noé. Ce n'est pas le premier qu'il rapporte.

Le visage de Lucas devient rouge. Submergé par une vague de colère, il s'exclame :

— Mais moi je n'en ai pas encore eu depuis la rentrée !

Julie regarde son fils avec d'un air désolé. C'est donc ça. Lucas soutient le regard de sa mère. Sa colère se transforme en tristesse, et des larmes se mettent à couler sur ses joues. Julie se met à genoux, le prend dans ses bras et tente de le réconforter :

— Mon bonhomme ! Je sais que c'est difficile, mais ça va venir. Tu sais, tu es un grand maintenant. Tu es en CP. L'école primaire, ce n'est pas comme la maternelle.

Lucas acquiesce en reniflant, logé dans les bras de sa mère. Surpris par ses larmes, Noé a cessé de réclamer son bien et regarde son frère.

— Il est triste Lucas, dit-il avec compassion.

Et il entoure ce dernier de ses petits bras. Le moment de câlin familial permet d'apaiser les tensions. Quand elle sent que le dialogue est de nouveau possible, Julie se dégage et s'adresse à Lucas :

— Bon, qu'est-ce que tu dois faire maintenant ?

Lucas tend le petit rectangle de papier à son frère, l'embrasse sur la joue et lui dit :

— Pardon, Noé.

— C'est bien. Et maintenant, si vous alliez jouer dans le salon pendant que je prépare le dîner ?

Les deux enfants courent dans le salon, où ils commencent à écrire et dessiner à la craie sur un grand tableau noir. Julie se lève et tourne la tête en direction de l'escalier : Platon a disparu. Il trouve les enfants décidément trop bruyants à son goût. Il préfère le calme des hautes sphères. Julie saisit le sac de courses et l'emmène dans la cuisine. Elle se met à ranger les aliments tout en gardant une oreille – et parfois un œil, c'est l'avantage des cuisines américaines – sur ses garnements chéris. *Le métier de maman n'est pas facile tous les jours,* se dit Julie. Des rires s'échappent à présent du salon. *Mais combien je donnerais pour ces moments de complicité.*

Pendant qu'elle commence à préparer le dîner, Julie pense à Lucas. Il est rentré en cours préparatoire cette année.

Contrairement à l'année dernière, il n'a pas envie d'aller à l'école, et les matins se transforment souvent en bras de fer pour réussir à obtenir qu'il s'habille et soit prêt pour partir à l'heure. Il fait régulièrement des cauchemars, se réveille la nuit. Julie a mis ça sur le compte du grand changement que représente le passage à l'école primaire, et veut donner à Lucas le temps de s'adapter. De plus, son fils est très discret sur ses journées : il ne dit presque rien de ce qui se passe à l'école. Si cela frustre beaucoup Julie, elle comprend qu'il ait besoin de son jardin secret. Après tout, il grandit. Mais tous ces éléments ne la rassurent pas, et elle ne peut pas s'empêcher de s'imaginer toute une série de scénarii possibles. L'appel de la directrice n'a fait que raviver cette inquiétude flottante. Et la réaction que Lucas a eue ce soir lui donne encore plus de sujets d'interrogation. Son petit garçon n'est à l'évidence pas bien dans ses baskets.

La soupe de potiron bouillonne tranquillement dans la grande marmite, emplissant la maison d'une odeur automnale, quand Julie entend la porte d'entrée se refermer vigoureusement. Lucas et Noé arrêtent immédiatement leurs jeux et se précipitent vers l'entrée en criant : « Papa ! » Julie entend la grosse voix de son mari s'exclamer : « Les garçons ! » Stéphane entre fièrement dans le salon, un enfant dans chaque bras. Lucas et Noé rient d'excitation. Quand leurs petites jambes reprennent contact avec le sol, ils se mettent à courir dans tous les sens en criant. Stéphane prend Julie dans ses bras et l'embrasse.

— Ça va ? Ils n'ont pas été trop difficiles ?

— Ils se sont un peu chamaillés en arrivant. Mais ils ont été plus sages ensuite. Lucas est stressé par l'école je pense.

À ce sujet, j'ai eu un appel de la directrice. Elle souhaite nous rencontrer jeudi à dix-sept heures. Tu penses pouvoir te libérer ?

Stéphane a l'air surpris.

— Jeudi à dix-sept heures ? Je n'ai pas de rendez-vous. Et j'ai des heures à récupérer. J'en parle à Jérémy demain en arrivant et je t'envoie un texto. À mon avis, ça ira.

— Super ! J'attendrai ton message pour la rappeler alors.

— C'est à quel sujet ? Elle te l'a dit ?

— Non, rien du tout. Elle avait un ton sérieux et plutôt sec au téléphone. Pas très avenant, si tu vois ce que je veux dire.

— Très bien ! Je l'ai déjà croisée quelques fois le matin. Elle est antipathique au possible.

— Elle m'a juste dit qu'elle et la maîtresse souhaitaient « nous rencontrer rapidement »…

— Ah bon ? Je me demande bien pourquoi.

Stéphane réfléchit. Un voile d'inquiétude passe devant ses yeux. Julie veut couper court à la discussion. Il est déjà tard.

— On en parlera tout à l'heure ? Pour le moment, nous avons deux petits garnements surexcités à nourrir et à mettre au lit !

— Oui, bien sûr. Allez, les garçons, à table !

Les deux enfants continuent à tourbillonner quelques instants autour de la table, avant de venir enfin, à force d'incitations répétées, s'installer à leur place. Le repas familial se poursuit dans une ambiance plus apaisée, pour le plus grand soulagement de Julie et Stéphane.

Julie regarde son mari descendre les escaliers après avoir fait un dernier câlin – le troisième – à Lucas et Noé. Stéphane est un homme grand, à l'air robuste. Son visage régulier, composé de traits simples et francs, est entouré d'un collier de barbe brune, qui rejoint des cheveux courts tout aussi bruns. Ses yeux, d'un marron plus foncé que ceux de Julie, sont surmontés d'épais sourcils. Il se dégage de sa personne une impression de solidité, de franchise et de confiance qui rassure beaucoup Julie. Stéphane pousse un profond soupir en s'affalant sur le canapé à côté d'elle. Les enfants ne dorment pas encore mais ils semblent plus calmes. Julie et Stéphane profitent de cette relative tranquillité pour évacuer la pression accumulée durant la journée, dans un recueillement épuisé et silencieux. Platon descend à son tour les marches à pas feutrés. Décidé à saisir l'occasion qui s'offre à lui, il traverse le salon, saute sur le canapé et vient se lover sur les genoux de sa maîtresse en ronronnant. Julie lui fait une caresse, à laquelle Platon répond en clignant des yeux avec un air de profond contentement. Elle entame la conversation :

— Comment s'est passée ta journée ?

Stéphane s'étire avant de répondre :

— Pas trop mal. J'ai beaucoup d'échéances, et je suis à la bourre. Jusque-là, c'est normal pour un mois d'octobre. Mais les clients ne sont pas patients. Je perds beaucoup de temps au téléphone. Enfin… Ça sera plus simple dans quelques semaines. Et toi ?

Julie trouve rarement ses journées palpitantes.

— Oh… comme d'habitude quand je travaille avec Mathieu. Il est encore arrivé en retard. Il est sorti hier soir. Enfin, comme la semaine dernière, quoi.

— Encore !? Il te met en difficulté. Julie… Tu as le droit de lui demander d'arriver à l'heure. Et puis tu n'es pas obligée de le couvrir. Tu pourrais aussi le dire.

— Je sais. Mais je doute que cela serve à quelque chose. Tu sais, Mathieu raisonne à peu près comme un ado. C'est son plaisir avant tout… J'ai peur qu'il n'entende pas. Et puis, je n'ai pas envie d'avoir des problèmes avec lui. Quand je vois comment il parle d'Agathe…

— On dirait que tu as peur de lui.

Julie ne répond pas. Stéphane poursuit :

— Je sais que tu as envie de bien t'entendre avec tout le monde, mais ce n'est pas possible. Il faut que tu te protèges… Il profite de ta gentillesse.

— Ma manière de me protéger, c'est d'éviter les conflits. Je me connais. Je sais que je n'aurai pas la force de supporter une hostilité ouverte. Et puis, Mathieu n'est pas un monstre non plus. Il a aussi des bons côtés, parfois.

— Tout le monde a des bons côtés, quand on cherche bien ! Tu es trop indulgente, Julie !

Un silence tendu s'installe. Platon saute des genoux de Julie et se met à faire sa toilette au milieu du salon. Stéphane rompt le silence en prenant un ton plus doux. Il l'enlace tendrement :

— Je m'inquiète juste pour toi…

— Je sais, répond-elle en prenant la main de son mari. Mais laisse-moi gérer à ma manière.

— Comme tu veux, concède-t-il.

Julie en profite pour changer de sujet :

— Moi, je m'inquiète pour Lucas en ce moment. J'ai peur qu'il se passe quelque chose à l'école.

— C'est vrai qu'il freine des quatre fers le matin. On ne peut pas dire que ça le réjouisse d'aller à l'école… Pourtant, ça se passait bien l'année dernière.

— Oui, mais il avait une maîtresse à l'écoute, et qui avait tout de suite compris comment il fonctionnait. J'ai senti la maîtresse de cette année beaucoup moins réceptive quand nous l'avons rencontrée à la journée d'information collective…

— Tu penses ? Ce sont des professionnels, ils doivent avoir l'habitude. C'est peut-être simplement le temps de s'adapter à une nouvelle classe et à une nouvelle école. C'est sans doute normal. On verra bien de toute façon, puisqu'on a rendez-vous jeudi. Allez, essaie de penser à autre chose !

Elle sourit. Stéphane est souvent optimiste – un peu trop même. Elle sait que c'est sa manière à lui de mettre l'angoisse de côté, de s'en protéger. Alors il fait « comme si » aucun signe d'inquiétude n'existait. Julie, elle, ne parvient pas à ignorer les rochers gigantesques qui trônent au milieu du chemin. Comment fait-il pour ne pas voir l'évidence ? Pour elle, ce ne peut être que du déni. Et la technique de l'autruche n'a jamais sauvé personne. Qu'il maintienne ses œillères jusqu'au rendez-vous si cela peut le rassurer. Là non plus, il ne sert à rien d'insister.

Julie tente de se concentrer sur le programme télé : elle attendait depuis une semaine un documentaire très intéressant sur l'amitié entre François Ier et Léonard de Vinci. En voyageant à travers l'Italie et les châteaux de la Loire, une partie de son esprit continue à penser à Lucas. *Julie, tu es vraiment trop anxieuse,* insinue une petite voix au plus profond d'elle-même. *Est-ce que ça ne te rendrait pas un peu parano ?*

3

Julie et Stéphane sont assis sur de vieilles chaises en bois, dont la raideur leur rappelle à chaque instant la solennité du rendez-vous. Ils patientent face à un bureau en bois tout aussi vieux, qui croule sous les dossiers et les papiers divers. La pièce, de dimensions modestes, paraît encore plus petite, encombrée par les meubles et les affaires accumulés au cours des ans, témoignant de l'occupation des propriétaires successifs. Aux murs sont suspendues d'anciennes photos de classe en noir et blanc, des listes et des plannings, maintes fois épinglés et détachés. Dans un coin, l'extincteur rouge vif a un air d'anachronisme incongru. Au milieu de la pièce, de l'autre côté du bureau, trône une petite dame en tailleur gris d'un certain âge. Les traits ridés, les cheveux tirés en arrière et rassemblés dans un chignon blanc, la directrice garde le silence tout en observant Julie et Stéphane d'un œil insistant. Ils ont l'impression d'être revenus en enfance, d'avoir été pris en flagrant délit d'une bêtise quelconque – qui doit être grave s'ils se fient au regard sévère qui s'abat sur eux. Stéphane, évitant soigneusement la directrice, regarde autour de lui en affectant un air aussi détendu que possible. Julie, quant à elle, conserve un masque avenant. Mais elle est de plus en plus affectée par la lourdeur de la situation.

Un claquement de talons sur le parquet vient interrompre le silence gêné. La maîtresse de Lucas, une grande femme sèche et à peine plus jeune que la directrice, entre dans la pièce. Elles se saluent d'un regard entendu. La maîtresse de Lucas se dirige vers Julie et Stéphane, et leur serre la main.

— Bonjour, Monique Jean. Je vous remercie d'être venus.

— C'est normal, répond Stéphane, rassuré par ce geste d'accueil.

Madame Jean fait le tour du bureau et vient s'asseoir à côté de la directrice de l'école. Elles ont l'air de bien s'entendre, ce que Julie ne trouve pas de bon augure. La directrice prend la parole :

— Nous avons souhaité vous rencontrer, madame Jean et moi-même, parce que le comportement de Lucas nous a alertées.

Elle marque une pause pour apprécier l'effet de sa phrase. Julie et Stéphane la regardent avec inquiétude. Julie s'éclaircit la gorge pour tenter de contrôler son anxiété et réussit à prononcer :

— C'est-à-dire ?

La directrice regarde madame Jean, qui acquiesce et prend la parole :

— Lucas est souvent distrait en classe. Il ne parvient pas à maintenir son attention sur le travail qui lui est demandé. Il lui est même arrivé de s'endormir sur sa table la semaine dernière.

Ils accusent le coup. Ce n'est pas le style de Lucas, qui a de bonnes capacités de concentration et participe en classe. Stéphane ne parvient pas à cacher son étonnement :

— Nous sommes très surpris. C'est la première fois qu'on nous rapporte ce genre de comportement.

— Peut-être est-il fatigué. Comment dort-il en ce moment ?

— Plutôt bien. Il se couche entre huit heures et huit heures et demie en semaine. Le réveil sonne à sept heures. Il fait parfois des cauchemars, mais il parvient en général à se rendormir. C'est vrai que depuis un mois, il est long à se préparer le matin et rechigne à venir à l'école.

Madame Jean ne relève pas la remarque de Stéphane. Elle choisit plutôt de poursuivre son exploration :

— Peut-être que quelque chose le perturbe. Comment est-ce que ça se passe à la maison ?

Ils se regardent. À l'évidence, la maîtresse de Lucas suspecte des soucis familiaux dont il va falloir se justifier. Julie reprend sur un ton qu'elle veut serein :

— Tout se passe bien à la maison. Je ne vois pas d'événement récent qui aurait pu le perturber. Lucas participe à la vie de la famille. Il se chamaille de temps en temps avec son frère de trois ans, comme souvent dans les fratries. Mais en dehors de ces petits moments, ils sont soudés et très attachés l'un à l'autre. En revanche, je le trouve plutôt inquiet et à fleur de peau concernant l'école. Peut-être qu'il a du mal à s'adapter au CP ? Qu'en pensez-vous ?

— C'est vrai que l'école primaire est un grand changement, admet madame Jean, en s'efforçant d'adopter un ton rassurant. Ils sont beaucoup moins cocoonés. Ils doivent s'adapter au rythme de la classe. Les exigences sont plus élevées, notamment en ce qui concerne les apprentissages.

Elle marque une pause et essaie une autre tactique :

— Comment est-ce que cela se passait en maternelle de ce côté-là ?

Stéphane saute sur l'occasion de valoriser son fils :

— Très bien ! Lucas est curieux et il apprend vite. En maternelle, il était dans une classe à double niveau, il était souvent intéressé par le travail des grands et sa maîtresse le trouvait très éveillé pour son âge…

Madame Jean a un petit sourire moqueur. *Elle doit se dire que l'amour paternel rend aveugle,* se dit Julie. *Elle, avec son expérience, elle sait de quoi elle parle !* Julie est de moins en moins rassurée.

— Monsieur, tout le monde trouve son enfant merveilleux, là n'est pas la question. Vous conviendrez cependant que Lucas n'a pas un comportement très adapté aux apprentissages. Comment saura-t-il lire s'il ne m'écoute pas ?

Madame Jean se cale sur le dossier de sa chaise en croisant les bras. Stéphane et Julie n'en reviennent pas. Ils se regardent, surpris du tour que prend cet échange. Julie tente timidement :

— Mais, madame, Lucas sait *déjà* lire. Il sait lire depuis un an.

Les enseignantes se regardent avec consternation. Un grand silence suit. La directrice intervient :

— Comment ça, il sait déjà lire ? Connaître une histoire par cœur ne veut pas dire qu'on sait lire. Savoir lire, c'est pouvoir déchiffrer les phonèmes et prononcer des mots nouveaux en associant des groupes de lettres à des sons.

— Oui. Lucas sait le faire.

De toute évidence, elles n'avaient pas envisagé cette hypothèse. Julie se dit qu'il y a peut-être encore un espoir. Après un temps de silence, la directrice poursuit avec une pointe d'agressivité :

— Qui le lui a appris ?

— Personne. Il a appris tout seul, simplement en observant. Sa maîtresse s'en est rendu compte en début de grande section de maternelle. Nous l'avions remarqué également.

Un nouveau silence s'installe. Julie ne les sent plus du tout, ces deux-là. Madame Jean reprend sur un ton qu'elle veut apaisant, mais qui pour Julie a des accents hypocrites :

— Bon, nous verrons si Lucas maîtrise vraiment la lecture. Cependant, je vous incite à ne pas aborder vous-même le programme de CP, car vous pourriez le mettre en difficulté en utilisant des méthodes différentes de celles utilisées en classe. Vous pensez sans doute bien faire en le stimulant, mais je vous conseille plutôt de le laisser aller à son propre rythme, dit-elle avec condescendance.

Et son rythme n'est pas le vôtre, pense Julie. Mais elle se garde bien de partager son opinion. À l'évidence, madame Jean semble satisfaite d'avoir trouvé la cause du comportement problématique de Lucas : des parents anxieux et avides de reconnaissance. Julie s'efforce d'opiner du chef et de sourire. La directrice enfonce le clou :

— Oui, c'est à l'école que revient la mission d'aborder les connaissances fondamentales. À la famille de leur apprendre à bien se comporter.

— Bien sûr, c'est évident, assure Stéphane.

Leur assentiment semble avoir quelque peu apaisé les enseignantes. La maîtresse de Lucas se sent plus à l'aise pour continuer :

— Si je peux vous donner un conseil, ce serait d'emmener Lucas chez un psychologue. Il y a quelques années, nous l'avions conseillé pour un enfant qui avait des problèmes d'attention et d'agitation en classe. Cela nous permettrait à tous de mieux comprendre ce qui se passe, et de mieux l'aider. Qu'en pensez-vous ?

Julie et Stéphane se regardent de nouveau. Ils ne sont pas bien sûrs de ce que madame Jean attend d'une prise en charge psychologique. Est-ce une manière polie de les inciter à se remettre en question et à régler ce qu'elle imagine être un problème familial ? Julie se dit, qu'après tout, ce peut être une bonne idée, quelles que soient les raisons que chacun peut imaginer. À la lumière des récents échanges, un peu d'aide extérieure ne leur fera pas de mal. Elle répond :

— Si cela peut aider Lucas, nous sommes prêts à l'emmener consulter un psychologue.

Les enseignantes paraissent soulagées par cette nouvelle. Julie les sent se détendre, et des sourires éclairent leurs visages. La directrice conclut :

— Très bien ! Dans ce cas, laissons-nous un peu de temps. Vous consultez un professionnel de votre côté. Bien sûr, il peut nous contacter si besoin. N'hésitez pas à revenir vers nous quand vous aurez davantage d'informations.

— D'accord.

— Madame, monsieur, nous vous souhaitons une bonne soirée.

— À vous également, répond Stéphane.

Tous se serrent la main. Madame Jean s'éclipse tandis que la directrice raccompagne les parents au portail de l'école.

Julie et Stéphane s'éloignent de l'établissement, songeurs. L'entretien les a plongés dans une grande perplexité. Stéphane est le premier à rompre le silence :

— Je t'avoue que je ne sais pas trop quoi en penser. J'ai l'impression que quelque chose cloche. Je n'ai pas aimé leur attitude. Comme si nous étions en faute. Qu'est-ce qu'on y peut, nous, si Lucas dort en classe. J'ai loupé quelque chose ?

— Non, j'ai aussi l'impression qu'elles nous considéraient comme responsables. Je comprends qu'elles puissent s'inquiéter pour lui. Demander des informations sur la famille, c'est le premier réflexe. Mais ce que je trouve beaucoup plus inquiétant, c'est qu'elles n'ont pas eu l'air de nous écouter. Elles ne se sont pas du tout remises en cause. Tu te rends compte que sa maîtresse n'a même pas vu qu'il savait lire ?! Je suis sidérée !

— Moi aussi.

— Je n'ai pas l'impression que madame Jean ait compris comment Lucas fonctionnait. Et ça, ça m'inquiète.

— Mais pourquoi est-ce qu'il se comporte comme ça en classe ? Ne pas écouter… dormir… ce n'est pas son genre.

— Nous verrons bien. J'appellerai demain pour prendre rendez-vous avec une psychologue, répond Julie.

Elle regarde dans le vague tout en marchant d'un pas instinctif dans les rues de la ville. L'entretien lui a laissé une impression d'insécurité diffuse. Au lieu de l'apaiser, il a au contraire augmenté son inquiétude. Le jour tombe lentement sur les immeubles, et Julie pense à son petit garçon, à l'école. Que peut-il bien se passer ? À la faveur des récents échanges, de nouveaux liens s'établissent dans son esprit.

4

Dans la salle d'attente, Julie et Stéphane patientent, confortablement installés dans des petits fauteuils bas recouverts de lin gris. Ils conservent un silence rêveur, absorbés dans leurs pensées. Assis sur une chaise d'enfant tout près d'eux, Lucas manipule un Rubik's Cube qu'il a trouvé sur la table basse, à côté des magazines et des livres de psychologie. La pièce est petite, mais il s'en dégage une impression de confort et de clarté qui met tout de suite à l'aise. On s'y sent enveloppé dans un nid de coton. Tout en passant les doigts sur la texture rêche et irrégulière du tissu qui enveloppe l'accoudoir de son fauteuil, Julie se remémore le chemin qui les a menés jusque-là.

Dès le lendemain du rendez-vous à l'école, elle avait demandé à la psychologue qui intervenait au lycée les coordonnées d'une collègue compétente avec les enfants, et l'avait aussitôt appelée pour prendre rendez-vous. Le bref échange qu'elle avait eu avec elle était engageant. Julie s'accrochait à des détails qui pouvaient paraître insignifiants : le ton d'une voix, le temps pris à répondre, la rapidité d'un rendez-vous… Ce premier contact avait quelque chose de rassurant.

Conformément à ce que Julie pressentait, la rencontre avec la psychologue s'était bien déroulée. Lucas avait d'abord rechigné à y aller, il était entré dans le bureau avec un air fermé et mutique. Mais la professionnelle l'avait rapidement mis à l'aise, et il n'avait pas résisté devant l'énorme pot rempli de feutres colorés. Julie et Stéphane s'étaient sentis entendus dans leurs inquiétudes de parents.

Madame Mariani avait ensuite reçu l'enfant seul à deux reprises. Avec tact, elle avait abordé la vie familiale, l'école, les relations avec les autres enfants. Tantôt en discutant avec lui, tantôt en utilisant le jeu ou le dessin. Lucas racontait volontiers sa vie à la maison : il y avait construit des repères et des liens solides. Il semblait bien intégré à l'école. Mais il avait exprimé qu'il n'aimait pas y aller « parce qu'on n'y faisait rien d'intéressant ». Elle trouvait le vocabulaire de l'enfant très développé, ses réflexions matures pour son âge. Son attention était soutenue. À l'évidence, Lucas ne semblait pas avoir de difficultés de compréhension. Bien au contraire. Comment l'école pouvait-elle rapporter des inquiétudes concernant les apprentissages ? Mais madame Mariani avait perçu le malaise de Lucas lorsqu'il parlait de sa maîtresse, sa réticence à aller vers elle. Il devenait de plus en plus clair que la souffrance de Lucas était liée à sa relation avec l'enseignante. Le regard que la maîtresse avait porté sur l'enfant ne reflétait pas ses capacités réelles. Lucas ne devait pas s'identifier à cette vision négative, car il risquait de perdre confiance en lui.

Madame Mariani avait réfléchi à la manière dont elle pourrait à la fois redonner confiance à Lucas, apaiser l'inquiétude de ses parents, mais aussi changer le regard de l'enseignante. La psychologue avait alors proposé que l'enfant passe différents tests psychologiques, pour mieux comprendre les causes des problèmes d'attention rapportés par l'école. Lucas s'était pris au jeu des tests : il s'était amusé à reproduire les figures formées de petits cubes bicolores, à choisir les pièces de puzzle, à trouver les ressemblances entre les mots. La psychologue l'avait félicité pour son application.

Dans la petite salle d'attente confortable de madame Mariani, Julie, Stéphane et Lucas attendent à présent de connaître les résultats.

La porte du bureau s'ouvre avec un grincement sonore, laissant apparaître une petite dame brune d'une quarantaine d'années, vêtue d'une robe vert pomme. À son cou pend un long collier orné de perles de bois de toutes les couleurs, assorti à ses boucles d'oreilles. Elle ressemble à ces adultes dessinés dans les livres d'enfants qui passent leur journée à faire de la peinture au doigt et des ateliers pâtisserie. Comme eux, elle arbore un sourire doux et plein de bienveillance.

— Bonjour, Lucas ! dit-elle en le regardant.

Lucas délaisse les combinaisons du Rubik's Cube.

— Bonjour, Sophie ! répond-il avec enthousiasme.

La psychologue lui adresse un large sourire. Elle enchaîne en tendant la main à Julie et Stéphane, qui se lèvent pour aller à sa rencontre.

— Bonjour, monsieur et madame Tarel.

— Bonjour, madame Mariani.

— On y va ?

— Allons-y !

Ils entrent dans le bureau, suivis par Lucas qui s'empresse de poser son Rubik's Cube sur la table basse.

Étrangement, Julie se sent sereine. Elle a hâte de connaître les résultats, et espère qu'ils seront rassurants. Quelque chose en elle lui intime de faire confiance, tout comme elle a intuitivement perçu que son petit garçon était entre de bonnes mains. Elle prend place sur l'un des fauteuils confortables en face de madame Mariani, à côté de Stéphane. Lucas s'est précipité sur son petit fauteuil. Il prend ses aises, en habitué, tout en regardant avec envie le coffre rempli de jouets. Un silence s'installe. Léger tout d'abord, il se charge progressivement de la tension propre à l'attente des grandes nouvelles.

Madame Mariani déclare d'un ton calme :

— Nous nous voyons aujourd'hui pour parler ensemble des résultats des tests de Lucas. Je voudrais tout d'abord situer de nouveau cette évaluation dans son contexte. L'école de Lucas vous a rapporté des moments où il paraissait inattentif, distrait. La maîtresse s'inquiète d'une répercussion possible sur les apprentissages. Elle vous a conseillé de consulter un psychologue. Dans ce cadre, et au regard de ce que Lucas a pu exprimer, je vous ai proposé d'évaluer ses compétences cognitives pour déceler d'éventuelles difficultés d'attention, mais aussi pour avoir une idée des ressources de Lucas. Je ne veux pas vous mettre davantage à l'épreuve, c'est pourquoi je me permets de vous dire tout de suite que les résultats sont encourageants !

La tension se dissipe aussitôt. Stéphane se détend, Julie ne peut retenir un soupir de soulagement.

— Tant mieux ! C'est une bonne nouvelle ! commente Stéphane.

Madame Mariani acquiesce et continue :

— Je voulais aussi te féliciter, Lucas. Tu as réussi à te concentrer, et tu as bien travaillé ! Tu m'as aidée à comprendre ce qui se passait à l'école.

Lucas a un petit rire à la fois gêné et satisfait. Il remue sur son fauteuil, change de position.

— En fait, c'est amusant, tes exercices ! J'ai bien aimé. Surtout quand il faut choisir des morceaux de puzzle. Et puis aussi trouver ce que les mots veulent dire.

— Oui, ils t'ont plu ceux-là. D'ailleurs, tu les as très bien réussis, répond la psychologue en souriant.

Puis elle s'adresse à ses trois interlocuteurs :

— Je vais détailler les résultats. Ensuite, vous pourrez me poser les questions que vous souhaiterez. Étant donné le motif de la consultation, j'ai fait passer à Lucas un test spécifique pour déceler la présence d'un Trouble de Déficit de l'Attention. Vous pouvez être rassurés de ce côté là. Lucas ne présente pas de TDAH. Voyons maintenant ses résultats à la WISC-V, la batterie complète d'évaluation de l'intelligence. Les points forts de Lucas se situent dans le domaine verbal – il est très à l'aise avec les mots, ce qui est en lien avec son apprentissage précoce de la lecture évidemment – et dans le domaine du raisonnement fluide – ce sont les épreuves qui font appel aux compétences logiques pures, comme par exemple les matrices. Il est moins rapide – tout en restant très rapide, bien sûr – dans les tâches qui demandent une mobilisation motrice – mais c'est parce qu'il s'applique beaucoup ! La mémoire de travail est efficace. Les capacités d'attention sont bonnes, même très bonnes dans les exercices où Lucas montre de la motivation. Les résultats de Lucas sont, de manière générale, plutôt homogènes et le situent dans la catégorie des 2,3 pour cent d'enfants de son âge qui obtiennent les meilleurs résultats au test, avec un quotient intellectuel estimé entre 134 et 146. Il est évident que je suis assez confiante sur ses ressources personnelles pour acquérir de nouveaux apprentissages !

Julie a un mouvement de surprise. Elle sait que Lucas est très vif d'esprit, mais elle ne s'attendait pas à un résultat aussi élevé. Les chiffres énoncés résonnent étrangement avec des conversations entendues au lycée au sujet de certains élèves. À travailler avec des enseignants, des psychologues, des conseillers d'orientation, Julie a absorbé malgré elle une série d'informations diverses qui relèvent d'autres champs de compétences. Elle veut être sûre d'avoir bien entendu.

— Vous voulez dire que Lucas aurait un QI supérieur à 130 ?

— Oui. Ou du moins je peux l'affirmer avec un intervalle de confiance à 95 pour cent. C'est-à-dire qu'il y a 95 pour cent de chances pour que son quotient intellectuel soit compris entre 134 et 146.

— Pourquoi 95 pour cent de chances ?

— Parce que les résultats sont ceux d'une passation à un moment T. Ils peuvent légèrement varier en fonction de la fatigue, de l'état émotionnel, de la disponibilité... Nous proposons alors ce qu'on appelle un « intervalle de confiance » pour englober les variations possibles.

— D'accord. Alors cela voudrait dire qu'il est... surdoué ?

Julie se racle la gorge. Le terme lui paraît lourd et irréel. Elle a l'impression d'être prétentieuse rien qu'en le prononçant.

La psychologue a un petit sourire. Elle pose la feuille de résultats sur un guéridon à côté d'elle et répond :

— Nous n'utilisons plus le terme « surdoué », car il est très connoté. Il donne une fausse image de ce que nous appelons le « haut potentiel intellectuel ». Lucas a en effet un résultat qui le situe dans la sphère du haut potentiel intellectuel.

Un silence de plomb s'installe soudain. Lucas a suivi les échanges entre les adultes et fronce les sourcils.

— Ça veut dire quoi, surdoué ? Et haut potentiel… je sais plus la suite ?

— Cela veut dire que tu es très intelligent. Et que tu peux apprendre plein de choses nouvelles.

— Ah, d'accord.

Lucas semble réfléchir. Il commente :

— Je sais, moi, que je peux apprendre plein de choses. C'est ma maîtresse qui le sait pas…

— Eh bien, je pense qu'il faudrait le lui dire, répond madame Mariani avec un air de connivence.

Lucas sourit de nouveau, et hoche la tête. Stéphane sort de sa réserve pour poser la question qui le taraude depuis quelques minutes :

— Mais, s'il est très intelligent – ce dont je ne doute pas – comment se fait-il que Lucas n'écoute pas en classe ?

— Je crois que Lucas s'ennuie. Il a besoin de motivation pour apprendre, d'être confronté à la nouveauté. Qu'est-ce que tu en penses, Lucas ? Est-ce que tu aimes ce que tu fais en classe ?

— Non. C'est pas intéressant.

— Pourquoi est-ce que ce n'est pas intéressant ?

— Parce que je sais le faire.

— Et tu as dit à la maîtresse que tu savais déjà le faire ?

— Non.

— Pourquoi ?

— J'ai l'impression qu'elle m'aime pas. Elle me parle comme si j'étais bête. Elle est pas gentille avec moi.

Madame Mariani s'adresse de nouveau à Julie et Stéphane :

— À l'évidence, la relation est compliquée avec sa maîtresse. Lucas a le sentiment qu'elle ne le comprend pas, qu'il n'arrivera pas à lui expliquer ce qu'il ressent. Alors il se renferme sur lui-même, il pense à autre chose et se réfugie dans son monde à lui.

— J'ai envie de vous dire que nous n'avons pas non plus le sentiment d'être entendus par la maîtresse de Lucas, rétorque Stéphane avec un ton acerbe.

— Ce que je peux vous proposer, si vous êtes d'accord, c'est de parler à sa maîtresse. D'abord pour la rassurer sur les capacités d'attention et sur les compétences intellectuelles de Lucas. Ensuite, pour lui donner quelques pistes pour éviter qu'il ne s'ennuie en classe.

— Nous sommes d'accord, bien sûr. Tout ce qui peut aider Lucas est bienvenu. Nous vous remercions pour votre proposition, dit Julie avec reconnaissance.

— Je vous en prie. Avez-vous d'autres questions ?

Julie et Stéphane se regardent. Comme son mari ne semble pas avoir d'autres demandes, Julie se risque à poser une nouvelle question :

— D'où vient le haut potentiel ? Je veux dire : à ma connaissance, il n'y a pas d'autres personnes concernées dans la famille.

Madame Mariani sourit de nouveau. Elle semble réfléchir avant de répondre :

— C'est une question délicate que vous me posez là. Je vais tenter d'y répondre avec les informations dont je dispose.

Elle marque une pause et poursuit :

— L'intelligence est en partie héréditaire, mais elle se développe aussi en fonction des possibilités offertes par l'environnement. Beaucoup d'enfants à haut potentiel intellectuel ont au moins l'un de leurs parents concerné par le haut potentiel, qu'il ait été détecté ou non. On faisait passer beaucoup moins de tests aux enfants il y a dix ou vingt ans. Il arrive aussi, mais ce n'est pas le plus fréquent, qu'aucun des deux parents ne soit à haut potentiel. Mais la plupart du temps, la question du haut potentiel circule dans la famille.

Julie commente avec humour :

— Si c'est le cas, je ne vois pas trop de quel côté elle circule ! En tout cas, pas du mien. Mes parents n'ont pas fait de longues études. J'étais une élève moyenne et je n'ai jamais aimé les mathématiques.

Elle se tourne vers Stéphane, qui hausse les épaules comme pour dire qu'il n'y est pour rien et que son arbre généalogique s'illustre par une normalité ancestrale irréprochable.

— Ne soyez pas si péremptoire. Les enfants à haut potentiel ne sont pas tous des petits génies à lunettes qui s'enferment dans leur chambre pour faire des chaînes d'équations mathématiques interminables ! Pour beaucoup, ils aiment jouer, courir… comme n'importe quel autre enfant. Une grande majorité d'entre eux ont de bons résultats. Mais certains n'aiment pas l'école, pour diverses raisons. Ces raisons peuvent être sociales – une mauvaise rencontre, des difficultés à créer des liens avec les autres enfants –, liées à leur personnalité, mais aussi à leur besoin de connaissance et de stimulation intellectuelle – le fameux ennui. Le haut potentiel intellectuel s'exprime à travers une multitude de profils différents : certains enfants ne s'intéressent pas aux mathématiques, mais sont par exemple de grands lecteurs. C'est pourquoi des compétences peuvent passer inaperçues, quand elles ne correspondent pas à l'idée habituelle qu'on se fait d'un petit surdoué. Enfin, les capacités intellectuelles ne doivent pas faire oublier le reste. Lucas est très intelligent, mais il n'est pas que ça. Il a également des aptitudes artistiques : il aime dessiner et est en avance dans ce domaine. C'est aussi un enfant sensible, qui perçoit très bien les émotions et les intentions des autres, et y réagit.

— C'est plus compliqué qu'il n'y paraît, conclut Stéphane en se grattant la tête.

— Oui, concède madame Mariani. Mais c'est ce qui est intéressant !

Julie murmure, pensive :

— Je comprends…

C'est en effet très intéressant. Bouleversant, même. La respiration de Julie s'accélère. Des connexions s'effectuent dans sa tête à toute allure. Dans tous les sens. Des fragments de discours combinés entre eux résonnent jusqu'à former une litanie d'une étonnante cohérence. Son cœur bat de plus en plus vite. Elle perd doucement le contrôle, tandis que des scènes conservées intactes resurgissent des profondeurs de sa mémoire, saturées de détails sensoriels. Quelques-unes d'abord, puis des dizaines. Comme dépliées, repliées, puis dépliées de nouveau. Elles se superposent, s'imbriquent. Forment des ensembles mouvants reliés les uns aux autres par des liens ténus mais solides. Julie s'appuie sur le dossier du fauteuil. Un gigantesque amas de pensées, d'images et d'émotions tourne de plus en plus vite. Il est en train de grossir, de prendre de la place.

DANS L'OMBRE

5

Depuis plusieurs jours, Julie est absente, distraite, préoccupée. Elle pense continuellement à l'entretien avec madame Mariani. Elle tente d'intégrer la nouvelle information : Lucas est un enfant à haut potentiel intellectuel. C'est irréel. Tout à fait inattendu. *Inattendu ? En es-tu bien sûre ?* insinue une petite voix. Alors Julie secoue la tête, et la pensée tinte, résonne, s'accroche. *Réfléchis.* Julie soupire pour se libérer de la lourdeur de l'injonction. Mais c'est irrésistible. Comme une pente qui doucement l'entraîne, de plus en plus vite, emportée par son propre poids. Julie réfléchit.

Elle pense à Lucas. Il avait été en avance dans son développement moteur, mais aussi sur le plan du langage. Julie ne s'en était pas rendu compte tout de suite. C'était son premier enfant. Elle n'avait pas d'autre repère que son petit garçon. Elle en avait pris conscience lorsque Lucas était entré à l'école maternelle, en mesurant l'écart qui le séparait des autres enfants. Ils n'étaient tout de même pas tous en retard !

Lucas avait eu la chance d'être gardé par une assistante maternelle attentive à son développement et qui proposait de nombreuses activités d'éveil. Elle est contente de lui avoir fait confiance : Lucas est un petit garçon vif et dégourdi, bien armé pour l'école. En maternelle, ses différentes maîtresses ont d'ailleurs souligné l'aisance et la rapidité d'apprentissage de Lucas, tout comme son enthousiasme pour les activités créatives. Julie s'est toujours dit que les étonnants progrès de son fils s'expliquaient par cette rencontre particulière entre ses aptitudes et les compétences des personnes qui se sont occupées de lui. Elle n'a jamais pensé – ou du moins pas consciemment – qu'il puisse être différent des autres enfants.

Sous l'éclairage nouveau du haut potentiel intellectuel, tant de choses prennent sens. Les infinies questions de Lucas, sa curiosité pour les sujets d'adultes, sa propension à se lier avec des enfants plus âgés que lui, ses réflexions d'une justesse et d'une maturité étonnantes pour son âge. Et puis il y a eu ces périodes d'intérêt intense pour des sujets bien précis : les dinosaures, la préhistoire, les châteaux forts, l'espace… Il a fallu répondre à des centaines de questions, parcourir les livres et les musées, collectionner tout ce qui était en rapport avec le thème fétiche. Jusqu'à ce que Lucas semble rassasié et glisse doucement vers un autre domaine de curiosité. Il conserve cependant pour ses marottes antérieures un attachement nostalgique, dont témoignent les objets soigneusement exposés sur les étagères de sa chambre, les nombreux livres, jusqu'aux vêtements et au linge de lit. Les périodes sensibles à certains apprentissages ont été particulièrement marquées : il s'arrêtait sur toutes les lettres, tous les chiffres qu'il trouvait. Des inscriptions colorées sur le paquet de céréales du matin aux enseignes dans la rue, jusqu'aux minuscules caractères des conditions particulières de courriers oubliés sur la table du salon. Il déchiffrait tout, s'adonnait à une véritable boulimie de lecture. Ensuite il s'était mis à recopier les lettres avec hésitation, puis de plus en plus vite. Sur tous les supports qu'il trouvait. Le moindre papier égaré était aussitôt récupéré et recouvert de centaines de petits hiéroglyphes hétéroclites.

Julie avait accompagné la curiosité de Lucas. Elle avait répondu à ses questions, elle lui avait donné le nom des lettres et l'avait aidé à les tracer lorsqu'il le lui avait demandé avec insistance. Elle l'avait fait de manière instinctive, comme si c'était une évidence. Elle s'était dit que c'était la meilleure manière d'apprendre : saisir l'intérêt et y répondre au moment où il se présentait. Apprendre est un plaisir, et non une contrainte. Et l'enfant apprend comme il marche, au rythme qui est le sien.

Mais ces formidables élans comportent des inconvénients. Lucas a des difficultés à fixer son attention sur un sujet qui ne l'intéresse pas. Il fait des efforts, surtout si la personne qui le lui demande a de l'importance à ses yeux. La dimension affective devient alors une source de motivation qui remplace le faible intérêt du sujet lui-même. Mais Julie découvre, à la faveur des soucis avec l'école, que Lucas ne parvient pas à s'intéresser à quelque chose s'il n'apprécie pas la personne qui le lui demande. Il peut alors « faire grève », décrocher, se réfugier dans un endroit plus intéressant et plus confortable. S'évader dans l'imaginaire.

S'évader…

La petite voix résonne avec une tonalité nouvelle. *S'évader…* Julie secoue la tête de nouveau, mais l'écho est trop fort. Un sentiment de malaise et d'étrangeté s'insinue doucement en elle. Lucas lui ressemble. Énormément. Beaucoup trop.

Non. C'est impossible !

6

Prise d'une pulsion irrésistible, Julie s'est mise à rechercher sur internet tout ce qui a un rapport avec le haut potentiel. Elle égrène les sites, parcourt les forums, regarde avec attention les vidéos d'intervention lors des congrès, lit les exposés de spécialistes. Elle a même avalé des rapports officiels indigestes, lu en diagonale les quelques articles scientifiques en anglais qu'elle a pu télécharger.

Elle s'étonne de découvrir tout un monde autour de la constellation des surdoués – ou de ce que certains rassemblent sous la métaphore curieuse d'un zèbre. Julie ne reconnaît pas son petit garçon dans cette analogie. Elle ne retrouve pas sa rapidité de compréhension, son aisance dans le langage, sa créativité, sa finesse dans les relations avec les autres. Mais, en découvrant les témoignages d'autres surdoués, elle comprend que certains puissent s'identifier à l'image de l'herbivore africain. Qu'ils puissent s'approprier ces rayures comme « autant de marques de blessures », comme les indices visibles de leur différence. Julie n'aime pas trop les généralités. Si la comparaison semble séduisante, elle ne reflète pas tous les aspects du haut potentiel. Julie trouve l'univers trop foisonnant de diversité. Pour elle, chacun cultive ses différences spécifiques.

En parcourant la Toile, elle pense à l'histoire de Lucas. Puis, de plus en plus, à sa propre histoire. À l'enfant qu'elle a été. Les souvenirs reviennent un à un, charriés par une phrase, un exemple, une anecdote. Du fond de l'océan de sa mémoire, ils remontent comme des bulles d'air libérées par un mouvement de terrain pour éclore à la surface. De longs frissons sillonnent son corps, accompagnant chaque bulle qui émerge.

Un air de comptine, le bruit de la craie sur le tableau noir, l'odeur de la colle, le toucher irrégulier du pupitre de bois. Julie aimait l'école quand elle était toute petite. Encore aujourd'hui, elle affectionne cet univers de découvertes et d'activités créatives. Particulièrement, elle prend plaisir à jongler avec les mots. Elle apprécie leur musique et la manière dont ils s'assemblent pour former des combinaisons infinies. Elle se réjouit d'un son, du rythme d'une phrase, de la correspondance parfaite entre un mot et une émotion. Le langage permet d'apprendre toujours plus, d'accéder à des niveaux de complexité de plus en plus élevés. Mais il donne également les clés pour se connaître soi-même, à la recherche de l'expression qui rend le mieux compte du ressenti intérieur.

La mère de Julie lui a souvent raconté qu'elle était un véritable moulin à paroles. Elle a parlé tôt, et son vocabulaire s'est rapidement étoffé. Alors Julie parlait tout le temps : elle profitait de cette nouvelle fenêtre sur le monde. Elle posait des questions, inventait des histoires. Des tas d'histoires. Elle faisait preuve d'une imagination débordante. Quand elle a su lire, elle s'est mise à dévorer tous les livres qui passaient à sa portée. Elle s'installait de longues heures sur son lit à lire, encore et encore, plongée dans des livres d'histoires pour enfants, puis plus tard, dans des romans.

Le rapport de Julie avec l'école s'est compliqué au fur et à mesure des années. Elle a eu peur d'échouer dans les exercices demandés, de rater les évaluations et les contrôles. Alors, elle s'est imposée de plus en plus de pression. Et l'angoisse a peu à peu gagné du terrain, rendant certains examens particulièrement pénibles. Elle a passé les épreuves du baccalauréat avec un stress intense qui a considérablement affecté ses performances, et elle se demande encore comment elle a réussi à l'obtenir avec mention. Elle a commencé des études d'histoire à la fac, tout en travaillant comme surveillante. Mais les partiels la mettaient dans des états épouvantables. Après quelques années de résistance, elle a fini par délaisser les études et par accepter un poste à temps plein au lycée Baudelaire. De toute façon, elle ne s'imaginait pas passer les concours pour devenir enseignante.

Julie tente de se souvenir du moment où elle a commencé à appréhender l'école. Soudain, une bulle remonte des profondeurs et vient éclore à la surface. Elle avait douze ans.

Elle écoutait monsieur Mirepois, le professeur de mathématiques, qui abordait les premières équations. Un silence perplexe régnait dans la classe. L'enseignant venait d'écrire une équation au tableau et s'apprêtait à dérouler une démonstration. Julie n'avait pu retenir une réponse qui lui était venue spontanément, sans qu'elle sache véritablement quel chemin avait emprunté son esprit. Elle avait pensé tout haut. Le professeur de mathématiques s'était interrompu. Il avait regardé Julie.

— Mademoiselle, je ne vous ai pas permis de vous exprimer. Au lieu d'interrompre le cours, je vous propose de venir résoudre cette équation au tableau et de faire la démonstration à ma place. Puisque vous êtes si maligne !

Monsieur Mirepois avait eu un petit sourire moqueur. Il avait tendu la craie à Julie et l'avait invitée d'un geste à venir prendre place sur l'estrade. Julie était devenue écarlate. Elle était restée à sa place et avait bégayé :

— Je suis dé… désolée… monsieur. Je ne voulais pas…

Julie avait secoué la tête. Elle ne souhaitait pas s'exposer au regard de tous.

— Si si, j'insiste. Venez donc nous montrer votre savoir !

Monsieur Mirepois avait traversé les rangées de bureaux, pris Julie par le bras et l'avait entraînée jusqu'au tableau. Elle était gênée, mais elle n'osait pas s'opposer au professeur. Comme beaucoup d'autres élèves de sa classe, elle avait peur de monsieur Mirepois.

— Allez-y. Nous vous écoutons ! Je suis curieux de voir ça !

Julie avait regardé la classe d'un air désespéré, comme si elle avait souhaité très fort que quelqu'un se lève et lui vienne en aide. Les élèves ne bougeaient pas. Ils retenaient leur souffle. Il se passait quelque chose d'inhabituel. Julie s'était tournée vers la ligne de chiffres et de lettres écrite au tableau. Ce qui lui avait paru si clair l'instant d'avant lui semblait soudain incompréhensible. Elle était paralysée face au tableau noir. Elle n'entendait plus que les battements affolés de son cœur. Si seulement elle avait pu disparaître.

Monsieur Mirepois la dévisageait d'un air satisfait. Un long silence s'était installé. Il devenait de plus en plus lourd. De plus en plus insupportable pour Julie. Il n'y avait qu'une manière de faire cesser ce moment. Julie avait baissé le bras qui tenait la craie et avait murmuré :

— Je ne sais pas.

Monsieur Mirepois n'avait pas répondu tout de suite. Il savourait l'instant.

— Très bien. C'est bien ce que je pensais. Vous pouvez retourner à votre place.

Julie avait franchi les quelques mètres qui la séparaient du bureau du professeur, baissé les yeux, posé la craie en tremblant. Puis elle avait traversé de nouveau les rangées de tables en évitant soigneusement le regard des autres élèves et était retournée s'asseoir à sa place. Un sentiment de honte et une énorme douleur l'avaient envahie.

Ce soir-là, dans l'intimité de sa chambre, Julie avait pleuré en silence. *Tu ne sais rien*, avait suggéré la petite voix. *C'est beaucoup plus simple. Aucune explication à donner. Rien à prouver.*

Le doute avait alors commencé à s'insinuer en elle. En mathématiques d'abord. Elle relisait le cours, refaisait les exercices, s'assurait d'avoir bien compris. Elle vérifiait trois fois ses réponses, perdait du temps lors des contrôles. Mais malgré l'anxiété, Julie avait des ressources. Ses résultats s'étaient maintenus jusqu'au lycée.

Julie s'est allongée sur son lit. Elle tente de contenir l'émotion qui l'assaille. Mais déjà une autre bulle remonte à la surface…

Julie passait son premier contrôle de mathématiques en seconde. Elle avait été surprise lorsqu'elle avait découvert le sujet. Il était interminable. Julie n'avait jamais vu autant d'exercices à la suite. Elle avait peut-être mal compris la consigne. Elle avait alors timidement levé la main.

— Oui ? avait répondu sa nouvelle professeure avec amabilité.

— Madame, quels exercices devons-nous faire ?

— Tous.

Julie avait froncé les sourcils. Il y avait peut-être une autre explication.

— Combien de temps dure le contrôle ?

— Deux heures.

Julie avait eu un mouvement d'effroi.

— Mais, madame, c'est impossible ! Je veux dire, nous ne pouvons pas faire tous ces exercices en deux heures.

— En effet, il est vraiment très difficile de réussir à aller au bout du contrôle. Je vous demande de faire le plus d'exercices possibles en deux heures. Il faut faire preuve de stratégie. Faites de votre mieux !

Julie était effarée. Elle avait bien entendu. La professeure leur avait donné un contrôle impossible. Julie avait abordé le sujet avec encore plus d'angoisse qu'à l'ordinaire. Faire preuve de stratégie… Elle avait regardé les exercices. Ils ne donnaient pas tous les mêmes points. Certains étaient isolés. Mais beaucoup dépendaient les uns des autres : il fallait réussir le premier de la série si on voulait avoir la chance de réussir les suivants. Elle n'avait pas le droit à l'erreur. Julie s'était attelée à la tâche. En prenant le soin de vérifier chaque résultat avant de poursuivre sur un autre exercice. Elle se trouvait désespérément lente. Elle était encore bien loin de la fin du sujet. Certains élèves avaient jeté l'éponge. Elle continuait, courageusement. Julie était arrivée à la moitié du sujet quand madame Sylvain avait déclaré le contrôle terminé. Elle s'était dépêchée d'écrire encore quelques lignes. Une main tendue était apparue dans son champ de vision.

— Julie, c'est l'heure. Pose ton stylo, s'il te plaît.

— Je n'ai pas vérifié cet exercice…

— C'est terminé.

Julie avait refermé sa copie et l'avait tendue à madame Sylvain en la regardant d'un air coupable.

— Je n'ai pas réussi à aller au bout.

— Ce n'est pas grave, Julie.

Si, c'était très grave. Les mathématiques étaient une épreuve pour elle. Elle n'arrivait à canaliser son anxiété qu'en s'assurant de chaque étape de son raisonnement. C'était incompatible avec la notion de vitesse. Si elle devait être rapide, sa manière de fonctionner dans cette matière aurait tôt fait de la pénaliser. À quoi bon continuer ses efforts ? C'est comme si on lui avait dit : « Laisse tomber, ce n'est pas pour toi. » Alors Julie s'était désintéressée des mathématiques – et de toutes les matières où elles étaient utilisées. Elle n'avait pas eu à se forcer beaucoup. La manière dont on enseignait les mathématiques lui avait toujours paru prodigieusement ennuyeuse. Son esprit vagabondait ailleurs, dans des mondes plus hospitaliers.

Même à l'âge adulte, il lui reste des séquelles de ses mésaventures avec les mathématiques. La simple vue de chiffres alignés les uns derrière les autres provoque toujours chez elle une réaction anxieuse immédiate qui la paralyse. Elle doit faire preuve de beaucoup de courage pour parvenir à dépasser ce qu'elle ressent de prime abord, et à s'atteler à un calcul quelconque – parce qu'elle y est bien obligée.

Julie s'était débarrassée des mathématiques dès qu'elle l'avait pu. Elle avait tout naturellement choisi une filière littéraire. Mais elle l'avait surtout choisie parce que cela correspondait davantage à ses centres d'intérêts spontanés. L'histoire, la littérature, et plus tard la philosophie, la passionnaient. Elle avait le sentiment de ne pas avoir à fournir d'efforts dans ces disciplines où elle s'exprimait avec aisance. Elle ressentait moins le besoin de contrôler dans des domaines où, pour elle, la réponse reposait avant tout sur une juste analyse. Julie avait besoin de sens. La philosophie, notamment, avait été une véritable révélation.

Mais le doute et la peur de l'échec avaient peu à peu contaminé toutes les situations d'évaluation. Le stress l'empêchait de réviser dans de bonnes conditions et de retenir ce qu'elle lisait. Il troublait son sommeil avant les examens. La fatigue et l'anxiété affectaient ses performances le jour de l'épreuve, provoquant des fautes d'inattention. Pour compenser, elle multipliait les vérifications qui la ralentissaient. Même si ses résultats restaient corrects, ses professeurs disaient souvent qu'ils ne reflétaient pas ses capacités réelles. Julie se remémorait les appréciations, souvent bien plus valorisantes que les notes elles-mêmes.

Julie pense de nouveau à Lucas. La découverte du haut potentiel de son fils a fait resurgir tant de souvenirs enfouis. Attendaient-ils cette occasion pour refaire surface ? Une idée commence à germer dans son esprit.

Tout compte fait, tu n'es peut-être pas si bête.

7

Julie a saisi le prétexte d'un cadeau d'anniversaire pour flâner dans les allées de cette grande librairie parisienne. Elle est sûre de trouver ce qui lui faut. Un livre de currys indiens dont on lui a vanté les mérites car les recettes se distinguent, selon les propos enthousiastes de son testeur, par un subtil équilibre des épices. Mais Julie s'éloigne peu à peu de son objectif initial pour vagabonder sur des chemins de traverse. C'est ainsi qu'elle se retrouve *par hasard* au beau milieu du rayon « Psychologie ».

Elle se met à parcourir distraitement les titres – du moins c'est ce qu'elle essaie de se faire croire. Elle ne souhaite pas vaincre la dépression en quatre étapes, ni apprivoiser sa peur des autres – quoique, maintenant qu'on en parle, cela lui évoque bien certaines situations –, ni trouver le chemin du bonheur par la méditation transcendantale. Ce que Julie cherche sans en avoir l'air, c'est autre chose. L'évaluation de l'intelligence est une meilleure piste. Elle se met à feuilleter l'ouvrage. Julie identifie le nom du test qu'a passé Lucas. Le ton est sérieux, il y a beaucoup de termes techniques, et des tableaux remplis de chiffres. Elle ne cherche pas non plus à devenir psychologue. Elle fait la moue et remet le livre à sa place. Elle regarde un peu plus loin et est attirée par une énorme pile de livres, soigneusement mise en évidence au centre de la table. Un bandeau rouge se détache de la couverture blanche et comporte la mention alléchante « BEST SELLER » en majuscules. C'est un livre sur les enfants surdoués. Julie reconnaît le nom de l'auteur, pour avoir lu des centaines de commentaires sur les sites et les forums spécialisés. Il a ses adeptes inconditionnels, ses satisfaits mais sans plus, et ses détracteurs sceptiques – voire farouches. Ce livre semble avoir été lu par un nombre impressionnant de personnes. Un bon point de départ. Julie fait confiance à son esprit critique pour se forger sa propre opinion sur ce classique du genre. Elle en prend un exemplaire sans hésiter.

Juste à côté, son regard est attiré par un autre ouvrage. Elle l'a d'abord confondu avec le livre qu'elle vient de prendre, car il est du même éditeur et porte également la distinction honorifique « BEST SELLER ». Il est d'ailleurs du même auteur. Mais Julie vient de se rendre compte que son titre est différent. Un livre sur les adultes surdoués. Julie retient son souffle. Une vague d'angoisse l'envahit subitement. Son cœur se met à battre plus vite, à résonner dans sa tête et dans sa poitrine, éclipsant les bruits environnants. Elle a la sensation de passer dans un tunnel. Un long tunnel. Elle reste un moment, paralysée, les yeux rivés sur la couverture blanche bordée du bandeau rouge. Elle inspire profondément pour reprendre le contrôle d'elle-même. Elle s'appuie sur la table à côté d'elle. Puis, lentement, sa main peut remonter le long de son corps et se poser sur le livre. Elle tremble en ouvrant la première page, puis la deuxième. Les multiples échos provoqués par la lecture du sommaire suffisent à la convaincre que lire ce livre maintenant, dans cette librairie, comporterait beaucoup trop de risques. Elle hésite l'espace d'un instant. C'est quand même très prétentieux. Comment peut-elle avoir l'audace de penser que, peut-être… *Assez* ! *Prends-le* ! Julie saisit le livre à la hâte et le jette dans le panier. Voilà. C'est fait. Maintenant, elle ne peut plus revenir en arrière.

Elle allait rejoindre le rayon « Cuisines du monde » quand elle sent une main sur son épaule. Julie sursaute et se retourne vivement, encore sous l'emprise de l'émotion. Une voix grave se fait entendre :

— Oh, doucement ! Désolé, je ne voulais pas te faire peur !

Un grand gaillard d'un mètre quatre-vingt-dix se tient devant elle. Il est visiblement très content.

— Julie ! Ça me fait plaisir de te trouver là !

Julie a un léger mouvement de recul. Puis elle prend le temps d'examiner cet homme qu'elle ne pense pas connaître. Il est habillé tout en noir, avec un tee-shirt de black métal sur le dos, et vraiment très grand. Costaud aussi. Le genre de gabarit qu'on n'aurait pas été à l'aise de croiser la nuit dans une ruelle déserte. Mais les traits de son visage sont doux, encadrés par un fin collier de barbe noire et par de longs cheveux, tout aussi noirs, qui lui tombent sur les épaules. Il doit avoir trente ans à peine. L'intensité de ses grands yeux verts rappelle à Julie une vieille image familière. La silhouette, plus petite et plus mince, d'un adolescent de quinze ans au même regard vert, vient se superposer à celle du colosse qui se dresse devant elle.

— Baptiste ! s'exclame-t-elle.

Baptiste hoche la tête. Il a l'air encore plus content – si c'est possible.

— Tu as… grandi.

— Et toi tu n'as pas changé. Je t'ai reconnue tout de suite.

Baptiste avait fait partie de ces premières promotions d'élèves sur lesquels Julie avait veillé. Elle n'avait que vingt ans à l'époque. Il était difficile pour eux de distinguer la surveillante d'une élève de terminale un peu plus mature. Julie avait alors plus tenu de la grande sœur que de l'adulte. Elle doit avouer qu'elle aimait bien Baptiste : c'était un adolescent original, aux réflexions matures pour son âge. Il traversait à l'époque une période d'identification gothique et lisait beaucoup de fantasy, ce qui lui donnait un air étrange et l'isolait des autres élèves. Baptiste s'en souciait peu et tirait même de cet isolement une forme de fierté. Il préférait la compagnie des adultes, autour desquels il tournait souvent. Il n'avait d'ailleurs pas de difficulté à attirer l'attention de ses professeurs : il était largement en tête de classe dans toutes les matières – sauf en sport, où il se faisait un devoir de surtout ne rien faire. Baptiste avait réussi son année de seconde avec brio au lycée Baudelaire et il avait été admis en première scientifique. Julie s'était attendue à le revoir l'année suivante. Mais il ne s'était pas présenté au portail en septembre. Personne ne semblait savoir pourquoi Baptiste n'était pas revenu au lycée. Il avait mystérieusement disparu. Le proviseur avait mis du temps à joindre son père : il avait évoqué un déménagement. Julie avait souvent repensé à Baptiste dans les années qui avaient suivi, se disant qu'il devait poursuivre un cursus scientifique dans un autre lycée, ensuite qu'il devait être en prépa ou à l'université. Puis, les années passant, elle l'avait peu à peu oublié.

— Qu'est-ce que tu deviens ?

Baptiste répond d'un air dégagé :

— Oh, j'ai déménagé. J'habite dans l'Oise maintenant.

— Et qu'est-ce que tu fais ?

— Eh bien, tu vois, je fais un peu de « shopping ». On trouve vraiment plein de trucs ici ! Ceux-là, il me les fallait absolument !

Baptiste montre à Julie les livres qu'il tient à la main : des romans de fantasy, à en croire les armures, les épées et les amples robes médiévales qui s'étalent sur leurs couvertures. Certaines choses n'ont pas changé.

— Je veux dire : qu'est-ce que tu fais dans la vie ? Est-ce que tu travailles ?

Le visage de Baptiste s'assombrit. Il semble gêné par la question.

— Oui, je travaille.

Il marque une pause. Puis il se résout à préciser :

— Dans la métallerie.

Julie ne parvient pas à masquer complètement sa surprise.

— Dans la métallerie ?

— Oui.

— Et… en quoi consiste ton travail ?

Le sujet semble vraiment pénible pour Baptiste. Il soupire.

— Je suis métallier-serrurier. J'assemble des pièces de métal et je les travaille pour former des portails ou d'autres objets.

Julie n'en revient pas. Ce n'est pas l'image qu'elle se faisait du futur métier de Baptiste. Avant qu'elle puisse poser d'autres questions, Baptiste poursuit :

— Et toi ? Tu faisais des études d'histoire à l'époque, si je me souviens bien. Où en es-tu ?

C'est au tour de Julie de se sentir gênée.

— Ah… J'ai arrêté. J'ai terminé ma licence et je n'ai pas continué.

— Ah bon ? Et qu'est-ce que tu fais maintenant ?

— Je suis toujours surveillante au lycée Baudelaire.

À voir l'expression de son visage, la réponse ne semble pas aller de soi pour Baptiste non plus. Un silence inconfortable s'installe. Le regard de Julie balaie l'espace autour d'elle, en quête d'un prétexte quelconque. Il finit par se poser sur sa montre. Julie s'exclame :

— Déjà ! Bon, il va falloir que j'y aille. J'ai encore des emplettes à boucler… Et il faut que je sois rentrée à temps pour aller chercher les petits.

— Ah… Je comprends.

Baptiste sourit. Il vient de trouver un sujet moins embarrassant.

— Tu as des enfants ?

— Oui ! J'en ai deux. Deux garçons, de six et trois ans.

— Super. Tu dois être bien occupée…

Julie lève les yeux au ciel.

— Ça, tu peux le dire !

— Bon, je ne veux pas te retarder plus si tu es pressée ! Peut-être qu'on pourrait continuer cette conversation plus tard ?

Baptiste se met à fouiller dans ses poches. Il ne trouve pas ce qu'il cherche. Il baisse les bras, l'air dépité et amusé.

— Je n'ai pas de quoi écrire…

— Attends !

Julie sort son téléphone de son sac en bandoulière. Elle tape son code et navigue jusqu'au répertoire.

— Je t'écoute.

Elle pianote rapidement sur l'appareil tandis que Baptiste égrène les dix chiffres de son numéro de portable. Puis ils inversent les rôles, et c'est au tour de Baptiste d'enregistrer le numéro de Julie.

— On s'appelle ?

— D'accord. En semaine, c'est compliqué avec le boulot et les petits. Le week-end, c'est plus facile pour moi.

— Le week-end, ça me va.

Ils se saluent. Julie allait s'éloigner quand Baptiste l'interpelle :

— Julie !

— Oui ?

— Tu peux saluer Agathe de ma part ?

— Agathe ?

— La prof de philo.

Julie sait très bien qui est Agathe. Mais elle ne voit pas le rapport avec Baptiste.

— Elle travaille toujours au lycée ?

— Oui, elle est encore là.

— Je veux bien que tu lui passes mon bonjour.

— D'accord, si tu veux. Je lui donnerai de tes nouvelles.

— Merci, Julie !

Julie se dirige rapidement vers le rayon « Cuisines du monde » tout en s'interrogeant. Baptiste veut saluer Agathe ? Il était en seconde au lycée Baudelaire, il n'a pas pu avoir

Agathe en cours : la philosophie n'est enseignée qu'en terminale. Comment ces deux-là auraient-ils pu se rencontrer ? Remettant à plus tard la réponse à cette question, Julie hausse les épaules et se met à feuilleter les livres aux épices colorées.

8

Absorbée dans ses pensées, Julie est absente. Elle enchaîne les activités quotidiennes de façon mécanique, effectuant des gestes maintes fois répétés. Les mots d'usage sortent tout seuls de sa bouche, comme une litanie apprise par cœur et qu'il convient d'amorcer, parce que la situation le demande. Elle a le sentiment d'évoluer la plupart du temps entre d'énormes parenthèses.

En réalité, la vie de Julie est suspendue à la lecture du livre sur les adultes surdoués qu'elle vient d'acheter. Elle le dévore fébrilement, à l'abri des regards, à chaque moment qu'elle peut glaner dans son agenda de mère, digne de celui d'un ministre. Et même le plus petit instant volé à la tyrannie du quotidien suffit à provoquer de multiples échos, à faire émerger de nouvelles bulles à la surface des eaux troubles.

Une anxiété diffuse s'est immiscée dans sa vie depuis que Lucas a été identifié comme un enfant à haut potentiel. Elle connaît bien ce sentiment. Il devient de plus en plus envahissant. Elle a du mal à s'endormir et se réveille la nuit. Elle fait des rêves étranges, saturés d'images et d'angoisse. Julie est encore plus fatiguée qu'à l'ordinaire.

Elle est aussi moins patiente. Elle s'énerve plus facilement, ce qui surprend son entourage, peu habitué à de telles réactions. Répondant en miroir à l'état émotionnel de leur mère, les enfants sont plus irritables, agités, fatigués. Lucas se réveille la nuit, a besoin d'être rassuré.

Il faut dire que la situation ne s'était pas vraiment arrangée à l'école. La psychologue avait pourtant fait preuve de tact avec la maîtresse. Elle avait écouté ses inquiétudes, avait tenté de la valoriser dans ses compétences et de l'associer à la recherche de solutions dans l'intérêt de Lucas. Madame Jean avait tout d'abord été très étonnée des résultats de l'examen psychologique. Ils étaient visiblement différents de ce qu'elle attendait. Dans un premier temps, les relations s'étaient apaisées et l'espace de quelques semaines Lucas s'était détendu. Mais madame Jean avait refusé net toute idée de modification pédagogique, appuyée par la directrice. L'accueil collectif ne leur permettait pas de s'adapter, c'était ainsi. C'étaient les règles de l'école. La raison de leur rigidité résidait dans ce principe : c'était à Lucas de s'adapter au cadre, pas l'inverse. Et c'est ce qu'elles attendaient d'un suivi psychologique, qu'il apprenne à l'enfant à s'adapter au « monde réel », clé essentielle de la réussite. Surtout, motif non avoué de cette résistance au changement, qu'il cesse de déranger son institutrice dans la certitude confortable de ses compétences professionnelles.

La découverte des capacités intellectuelles de Lucas avait même eu à la longue un effet paradoxal. Madame Jean en avait conclu, de façon étonnante, que Lucas faisait « exprès » d'être distrait. Elle semblait à présent prendre le comportement de l'enfant comme une marque d'opposition passive dirigée contre sa personne. Bien que l'attitude de Lucas tienne du repli protecteur en réaction à l'attitude de son enseignante, les nouvelles dispositions de l'institutrice ne contribuaient nullement à résoudre la situation. Bien au contraire. Plus Lucas la sentait hostile, plus il s'isolait. Et plus il semblait triste et anxieux. Il se plaignait de plus en plus souvent d'avoir été grondé sans comprendre pourquoi. *Un véritable cercle vicieux*, constate Julie.

Julie ne sait plus quoi faire pour aider son petit garçon. Elle a peur d'entrer en confrontation directe avec l'école, car elle craint que cela n'aggrave le problème en augmentant encore l'hostilité de l'institutrice. Alors elle tente de composer. Elle parle régulièrement à madame Jean, lui explique le fonctionnement de Lucas, fait de la prévention autant qu'elle le peut. Elle se retient de juger ses méthodes d'apprentissage, de la remettre en cause quand elle punit injustement son enfant, de la dénoncer à l'académie quand elle se permet des humiliations publiques et des remarques déplacées. Elle n'abandonne pas l'espoir de lui faire *comprendre.*

Julie a horreur des conflits. Mais une petite phrase émerge régulièrement dans le flot de ses pensées : *il n'est pas toujours possible d'éviter le conflit.* Elle sent que les événements la rapprochent de plus en plus de ce point de non-retour, et cela ne lui plaît pas du tout.

9

Julie constate que l'ambiance à la maison est de plus en plus tendue. Lucas est anxieux à cause de l'école. Julie est anxieuse à cause de son fils et de l'école. Noé est anxieux de sentir sa mère anxieuse. Stéphane regarde l'angoisse déborder à la maison avec l'œil interrogateur et surpris d'un optimiste confronté à une situation contraire à ses prévisions habituelles. Insidieusement, sans y faire attention, lui aussi finit par s'inquiéter. Pour Lucas bien sûr. Mais également pour Julie, dont l'attitude lui paraît pour le moins inédite. Il l'observe sans en avoir l'air, et sans rien dire.

Julie et Stéphane viennent tout juste de coucher les petits. Ils s'affairent à ranger et nettoyer la cuisine, baignés par le bruit des casseroles et de la vaisselle qu'on déplace. Depuis plusieurs semaines, Julie effectue ces tâches sans parler. Son corps est bien présent mais son esprit vagabonde ailleurs. Lorsque Stéphane l'interroge sur sa journée, Julie met plusieurs secondes à lui répondre et sa voix semble lointaine. Elle oublie beaucoup de choses, ne se souvient plus des conversations récentes. Elle est absente. Et ce n'est pas la première fois qu'il le lui fait remarquer.

Le rangement terminé, Julie étend distraitement le torchon. Puis elle ramasse son livre sur l'étagère et s'installe sur le canapé, le visage absorbé et grave. Elle doit avoir lu plus de la moitié de l'ouvrage. Platon s'avance dans le salon et s'assoit face à elle. Concentrée sur sa lecture, elle ne remarque pas l'air perplexe du chat. Le même air avec lequel il l'avait regardée tout au long de sa première grossesse – pour la deuxième, il était un peu moins surpris. Ces yeux écarquillés qui semblent dire : « Tu es différente. Quelque chose ne tourne pas rond. Qu'est-ce qui se passe ? » Platon est un chat exclusif. Il n'aime pas les variations d'attention de sa maîtresse. À la naissance de Lucas, il avait fait une dépression : il avait perdu six cents grammes. Il les a largement repris depuis, même s'il ne s'est toujours pas habitué au bruit des enfants et les évite autant qu'il le peut. En temps normal, Platon n'aurait pas hésité à sauter sur le canapé pour s'installer sur les genoux de Julie et réclamer son câlin habituel. Mais Julie n'est *pas* comme d'habitude. Tandis qu'elle continue à lire, Platon l'observe sans oser la déranger.

L'attitude du chat n'a pas échappé à Stéphane. Lui aussi a remarqué le grand bouleversement qui est à l'œuvre.

— Julie ?

Elle ne répond pas tout de suite.

— Hmm ?

— Qu'est-ce qui se passe ?

Julie interrompt sa lecture.

— Comment ça ? Qu'est-ce que tu veux dire ?

— Tu as l'air préoccupée en ce moment.

— Je suis inquiète pour Lucas. La situation ne s'arrange pas à l'école… Je ne sais plus quoi faire avec la maîtresse. J'ai peur pour lui… peur qu'elle le détruise.

— Moi non plus, je n'aime pas ce qui se passe. Et moi aussi, je m'inquiète pour Lucas. Il va de plus en plus mal, je le vois bien. Au moins, nous aurons essayé de résoudre la situation.

— Parfois, je me demande si nous avons bien agi en parlant à la maîtresse des résultats du test. En même temps, je ne vois pas ce que nous aurions pu faire d'autre. L'école nous a demandé d'aller voir une psychologue pour les problèmes d'inattention de Lucas. Nous n'y sommes pour rien si le résultat ne correspond pas à leurs attentes. La maîtresse a même remis en cause la compétence de la psychologue. Je n'arrive pas à y croire ! Ils sont tellement bornés !

Julie est à la fois triste et en colère. Elle se sent impuissante. Stéphane vient s'asseoir sur le canapé à côté d'elle et l'enlace tendrement.

— Si la maîtresse continue à lui faire du mal, nous ne la laisserons pas faire. Nous serons obligés de prendre des mesures. Pour le bien de Lucas. Ils ne nous auront pas laissé le choix. Nous n'allons pas les laisser démolir notre enfant sans rien dire.

Julie referme son livre et regarde Stéphane. Elle avait oublié qu'elle n'est pas seule, et à quel point c'est bon de se sentir soutenue. Elle pose sa tête sur l'épaule de son mari.

— Merci…

— De quoi ?

— D'être là.

Elle soupire.

— Julie ?

— Oui.

— Même si je suis très inquiet pour Lucas moi aussi, ce n'est pas de ça que je voulais te parler.

— De quoi, alors ?

— Tu as changé depuis le rendez-vous avec la psychologue. Tu es absente. Tu passes ton temps à faire des recherches sur internet et à lire des livres sur les surdoués. Je suis conscient que tu cherches à comprendre Lucas, mais j'ai l'impression que cela ne concerne pas que lui…

Stéphane saisit le livre blanc au bandeau rouge et lit le titre, puis la regarde. Elle évite le regard de son mari et pose le sien sur la couverture de l'ouvrage.

— Un livre sur les adultes, Julie…

— Je sais. Peut-être que tu vas trouver ça prétentieux, mais je ne peux pas m'empêcher de penser à ce que j'ai vécu. Alors je me suis demandé… enfin, tu vois… si je n'étais pas concernée moi aussi… C'est ridicule…

— Non, ce n'est pas ridicule. Lucas te ressemble énormément. Ça a toujours été une évidence. Nous en avons souvent plaisanté, tous les deux. Tu crois que je n'y ai pas pensé moi aussi ?

Elle le regarde avec étonnement.

— Sérieusement ?

— Oui, sérieusement. J'ai une femme qui passe son temps à tout analyser, à anticiper le moindre changement – et qui en plus a très souvent raison. Qui s'intéresse à l'histoire, lit de la philo, des romans bizarres – enfin, ça c'était surtout avant d'avoir les enfants. Et qui a appelé son chat Platon. Tu en connais beaucoup, toi, des gens qui ont appelé leur chat Platon « pour sa tendance à la contemplation et par dérision envers l'idéalisme » ?

Julie doit bien admettre que non.

— Mais je n'étais pas particulièrement brillante à l'école. En plus, je n'aimais pas ça.

— Parce que tu crois que Lucas aime l'école, en ce moment ? Et que sa maîtresse lui donne de bonnes notes ? Pourtant, tu sais comme moi qu'il est très intelligent.

— Je sais que ce n'est pas aussi simple. Enfin, je le découvre. Je me rends compte que j'ai dû perdre des plumes à l'école, moi aussi.

— Tu manques surtout de confiance en toi. Depuis que je te connais, tu as toujours eu l'impression que tu n'étais pas à la hauteur. Regarde pour les études d'histoire, par exemple, ou pour les concours. Tu ne vois pas qu'au contraire, tu es bien plus douée que les autres.

Un silence s'installe.

— Tu ne m'avais jamais dit ça…

— Tu ne m'aurais pas cru.

Julie hausse les épaules. Ce n'est pas entièrement faux. Elle ne l'aurait pas cru.

— Je n'arrive pas à me voir comme ça. J'ai toujours eu l'impression de ne pas être comme les autres. Sans prétention. Pour moi, c'était un défaut. Le signe que quelque chose *clochait*.

— Ce qui cloche, c'est que personne ne t'a regardée comme tu étais.

Elle sourit douloureusement.

— Ceux qui ont vu se sont sauvés en courant…

— Ce sont des imbéciles. Ils ne savent pas ce qu'ils ratent !

Stéphane serre sa femme contre lui.

— Et toi, tu n'as pas envie de savoir ?

— De savoir quoi ?

— Si tu es concernée par le haut potentiel, comme Lucas.

— Ça me paraît tellement surréaliste. Je ne suis pas prête à passer un test d'intelligence. Et si je me trompais ?

— Que tu sois ou non surdouée, tu es loin d'être bête.

— Je n'en suis pas aussi sûre que toi.

Elle se tait. Puis elle renchérit :

— Et puis, même si c'était le cas, qu'est-ce que cela m'apporterait ? Cela ne changera pas mon passé. Je ne reviendrai pas en arrière. Ce n'est pas à mon âge que je vais reprendre des études… Pour faire quoi, d'ailleurs ?

— Non, ça ne changera pas le passé. Surdouée ou pas, tu seras toujours Julie, la femme dont je suis tombé amoureux et que j'ai épousée. Quelle que soit l'étiquette, tu auras la même place dans mon cœur et dans ma vie.

Julie sourit avec reconnaissance.

— Merci…

— Mais est-ce que ça peut changer la vision que tu as de toi-même ? Et avec quelles conséquences ?

Julie reste pensive.

— Je ne sais pas…

Il la serre fort contre lui.

— Ça, il n'y a que toi qui peux le savoir.

10

Au fond d'elle-même, Julie sait bien que Stéphane a raison. Elle manque cruellement de confiance en elle et parvient difficilement à s'accorder des qualités. Surtout quand il s'agit de performances, qu'elles soient scolaires, intellectuelles ou tout simplement sociales. Elle déteste la concurrence. Elle garde des souvenirs douloureux des sports collectifs qui l'ont très tôt confrontée à l'agressivité de ses camarades, souvent mauvais perdants. Elle ne comptait plus le nombre de ballons qui lui étaient arrivés dans la figure au volley, parce que l'idée d'avoir à réaliser une performance sportive la paralysait d'avance. Au basket, elle se démarquait et faisait des passes, ce qui représentait un effort incommensurable. Mais elle se gardait bien de monter au panier. Trop d'enjeux, trop de pression. Les jeux de société sont vécus avec le même sentiment de détresse. Julie a fini par adopter une stratégie très simple : elle perd d'avance. Discrètement et avec le sourire, elle laisse les autres gagner. Elle n'essaie même plus de se battre. Cette résolution inconsciente lui permet d'affronter ce passage obligé de la vie sociale avec sérénité et détachement. Elle se console avec la joie des autres, se surprend même à aimer les voir remplis de leur victoire, dans ce moment éphémère où ils portent un regard positif sur eux-mêmes. Julie soigne l'estime des autres au détriment d'elle-même. Elle se maintient dans l'ombre. Une ombre confortable, mais – se dit-elle parfois – un peu destructrice.

Julie préfère passer inaperçue. Elle a retenu la leçon : moins on se fait remarquer, plus on est tranquille. Être *meilleur* déclenche la jalousie, et très vite l'hostilité. Elle n'envie pas la place des premiers de la classe. Tout au long de sa scolarité, comme dans son travail, elle les a vus au mieux isolés, au pire maltraités. À moins d'avoir un charisme hors du commun, on leur pardonne rarement leur intolérable talent. Alors elle a veillé à ne pas *dépasser*.

Cette pression de la normalité a été considérablement renforcée par sa famille. La mère de Julie est une femme discrète, toujours avenante. Secrétaire médicale, elle a voué sa vie au service des autres. Elle s'est échinée pendant quarante ans à satisfaire avec génie les caprices d'un chef de clinique aussi intransigeant qu'égoïste, pour lequel elle a nourri une admiration sans bornes. Elle cache un fond anxieux qui la pousse à éviter le moindre conflit et à s'adapter constamment, de peur d'éventuelles répercussions sociales ou financières qu'elle imagine nécessairement catastrophiques. Le père de Julie est un homme calme et très sociable, bien connu dans son quartier et apprécié de tous. Il a effectué sa carrière d'employé de banque, de chargé de clientèle d'affaire, puis de responsable d'équipe dans le même établissement. Il a patiemment gravi les échelons, animé par un respect scrupuleux des procédures et de la hiérarchie. Aux yeux de ses parents, la conduite d'une bonne vie passe par la soumission aux attentes sociales. Ne pas être trop ceci ou trop cela. Juste comme il faut. Julie s'est conformée à cette injonction tacite qui lui commande de ne pas faire de vagues, de rester la plus *normale* possible. Et elle a très bien rempli son rôle de petite fille rassurante. Des notes égales, ni trop élevées, ni trop basses. Des amis. Une enfant « facile ». À peine une crise d'adolescence. Officiellement, pas d'incident de parcours. Le souci constant d'épouser, dans tous les domaines, une honorable moyenne. La petite fille dont tout parent normalement constitué rêverait.

La plupart des gens se seraient arrêtés à cette image reflétée par le miroir lisse à la surface des eaux. Car si quelqu'un s'était aventuré au-delà du masque de lumière argentée et avait exploré les profondeurs, il aurait découvert un tout autre paysage.

En effet, Julie a trouvé au fil de ses lectures un mot qui à lui seul résume le sentiment dominant de son enfance et de son adolescence : *le décalage.* Dans ces huit lettres réside cette impression de différence et d'anormalité qui accompagne en sourdine chacune de ses pensées, chacun de ses gestes. Cette impossibilité de trouver en l'autre un reflet qui évoque – même partiellement – ce qu'elle peut vivre à l'intérieur. Pas de miroir. Pas de semblable. Pas de partage non plus.

Julie s'était vite rendu compte que ses centres d'intérêt étaient différents des autres enfants. Elle lisait bien plus, avec un plaisir renouvelé à chaque rencontre littéraire. Des nouvelles simples, adaptées à son âge, comme des romans classiques, plus complexes, que la majorité des adultes eux-mêmes n'ouvriront jamais. Et à la faveur des moments d'ennui à l'école, Julie s'était mise à imaginer. Des univers, des intrigues, des personnages.

Elle s'était mise à imaginer, puis tout naturellement à écrire. En secret. Recroquevillée sur le bureau de sa chambre le soir, à la lumière d'une petite lampe. Sur un banc de bois en rentrant de l'école, dans le parc d'un château de Touraine – la région de son enfance. Cette région qui l'avait éveillée à l'histoire, qui avait nourri sa fascination pour le Moyen Âge et la Renaissance. Cette région qui avait aussi donné tant de matière à son imagination. La Touraine avait inspiré à Julie des histoires de châtelaines et de sorcières, de passages secrets, de fées et de forêts mystérieuses. Plus tard, elle avait donné naissance à Ariane, cette jeune fille d'un autre temps dont Julie écrivait les aventures. Ariane et l'écriture étaient devenues de plus en plus présentes. À tel point que Julie avait parfois l'impression de voir le monde à travers les yeux de son héroïne, comme si Ariane vivait et pensait en elle.

Julie sourit. En observant son histoire avec des yeux d'adulte, elle prend conscience des multiples ressemblances entre la petite Julie et Ariane. Elle mesure l'étendue du sentiment d'emprisonnement et de solitude qui l'habitait alors. Ariane assumait ce qu'elle ne pouvait ni vivre ni partager pleinement dans sa vie d'enfant. Elle jouissait d'une infinie liberté. La liberté d'être elle-même. Cette liberté dont la petite Julie rêvait secrètement. Ariane représentait aussi l'amie qui lui avait tant manqué. Cette *semblable* qu'elle avait cherchée durant son enfance et son adolescence, et qu'elle avait fini par oublier pour se mouler dans les exigences des autres.

Le sentiment d'étrangeté qui émerge régulièrement depuis quelques semaines dans la vie de Julie se fait soudain plus intense.

Dans ces moments grisants et très fertiles où Ariane était présente, une partie de Julie ne pouvait pas s'empêcher d'insinuer que ce qu'elle vivait n'était pas normal. Elle n'osait pas en parler. Elle aurait eu trop peur qu'on la prenne pour une *folle*. Alors elle vivait dans ce tiraillement permanent. D'une part, le plaisir à se retrouver dans un monde allié qui l'acceptait telle qu'elle était et où elle pouvait s'exprimer librement. D'autre part, l'indépassable sentiment de honte et de solitude. Elle oscillait entre ces deux versions contradictoires d'elle-même : entre Julie et Ariane.

Jusqu'à ce que Julie arrête soudain d'écrire.

Le terrain glissant sur lequel elle tentait de garder l'équilibre se met à bouger, animé par des secousses de plus en plus violentes. Le sol s'écarte sous la pression d'un énorme mouvement de terrain, provoquant une vague gigantesque. Julie referme le livre et s'accroche à l'accoudoir de son fauteuil. Elle a maintenu ce souvenir en dehors du champ de sa conscience depuis si longtemps. Il est pourtant en train de refaire surface à une vitesse vertigineuse, menaçant l'édifice qu'elle a patiemment construit.

Julie se revoit au lycée. À force de s'adapter aux autres au prix de ne rien montrer d'elle-même, elle s'était bien intégrée tout au long de sa scolarité. Elle abordait l'année de terminale avec un groupe de copines, à qui elle rendait souvent service pour les cours, discrètement. Elle avait même un petit ami depuis plusieurs semaines, un garçon bien intégré lui aussi et plutôt populaire. Julie était rassurée par ces acquis, dus à ses capacités d'adaptation.

Elle découvrait tout juste la philosophie et les possibilités infinies de pensée qu'elle lui offrait. Tout à cette découverte, elle n'avait pas pris garde qu'elle se découvrait elle-même. Elle n'avait pas pu s'empêcher de participer en classe – c'était trop intéressant –, éveillant l'attention du professeur, mais également celle de ses camarades. Elle avait eu la meilleure note à la première dissertation de l'année, loin devant les autres élèves de la classe. Elle venait de confier à son copain qu'elle écrivait des romans historiques. Elle n'avait pas mesuré à quel point les dynamiques de groupe pouvaient rapidement changer.

Peu à peu, elle s'était mise à entendre des murmures derrière elle, qui s'arrêtaient dès qu'elle se retournait. Certaines de ses copines s'éloignaient, organisaient des événements auxquels elle n'était plus invitée. Rares étaient ceux qui venaient prendre place à côté d'elle en cours. Son petit ami était de plus en plus distant. Un vendredi, il avait rompu. Aux demandes d'explication, il avait répondu en s'excusant qu'il trouvait Julie trop bizarre, que ça ne collerait pas.

Bizarre…

Julie avait longtemps pleuré, seule sur un banc. Puis elle avait arpenté les rues dans un état second, déconnectée du monde autour d'elle. *Bizarre…* Seul le mot qu'il avait prononcé résonnait puissamment dans sa tête, comme le son d'une cloche dans une cathédrale déserte. Elle avait fini par emprunter le chemin du retour, sans trop savoir comment. Elle ne se souvenait pas d'avoir ouvert la porte. Juste du bruit lointain de la clé qui tournait dans la serrure. Elle avait trouvé la maison vide. Ses parents étaient absents pour le week-end : ils rendaient visite à une tante. Julie n'avait pas voulu les accompagner, prétextant un contrôle à réviser. Son regard perdu avait parcouru lentement les pièces silencieuses, cherchant désespérément une prise à laquelle se raccrocher. Puis des pensées étranges avaient envahi son esprit. *Qu'est-ce que tu croyais ? Que quelqu'un t'aimerait comme ça ? Tu vois bien que tu n'es pas comme eux… Qu'est-ce que tu espères ?* Julie n'avait plus la force de résister.

En proie à une résolution soudaine, elle avait ramassé tous ses cahiers d'écriture, les avait fourrés dans un grand sac, s'était rendue à la rivière au pied du château. En pleurant, elle avait jeté un à un les cahiers et les avait regardés s'éloigner dans le courant jusqu'à ce qu'ils disparaissent dans les méandres de la rivière.

De retour chez elle, elle avait pris des médicaments dans la pharmacie et les avait avalés. Puis elle s'était allongée dans son lit en silence. Elle avait dormi un long moment. Elle s'était réveillée le lendemain en plein après-midi, avec le sentiment d'avoir définitivement tourné une page.

Depuis, Ariane ne s'était plus manifestée, et Julie était enfin comme les autres. Elle était bien décidée à ne plus se faire remarquer.

Personne n'avait jamais rien su.

11

Julie avait demandé à la psychologue de Lucas les coordonnées d'une collègue qui reçoit les adultes. Elle avait eu du mal à préciser « et qui connaisse également le haut potentiel ». Madame Mariani avait eu un petit sourire. Elle n'avait pas posé de question. Elle s'était contentée de lui tendre la carte de visite d'une amie psychologue avec un regard entendu. Elles travaillaient souvent ensemble. Madame Mariani avait toute confiance en elle. Julie pouvait l'appeler de sa part.

Julie avait aimanté la carte de visite grise et blanche sur la porte du frigo. Elle la contemplait depuis plusieurs jours. Le matin, une tasse de café à la main. Le soir, en préparant le repas. On peut y lire : « Delphine Joubert, psychologue clinicienne, psychothérapies pour adultes et adolescents, bilans psychologiques ». Bilans psychologiques. Cet énoncé n'a pas échappé à Julie. Madame Mariani a pris soin de lui donner l'adresse d'une collègue qui pratique des tests pour adultes. Alors Julie réfléchissait à deux fois avant de composer le numéro, comme si elle avait peur de ne pas pouvoir revenir en arrière une fois le rendez-vous pris.

Une part de Julie espère qu'il soit possible de répondre à ses questions sans avoir à passer de test. Pourtant, elle a bien lu, sur internet comme dans les livres spécialisés sur le sujet, qu'il est impossible d'identifier un haut potentiel sans évaluer le quotient intellectuel. Sauf dans certains cas particuliers, quand l'excellence et la continuité des performances scolaires ou académiques ne laissent plus de doute sur la très haute intelligence de leurs auteurs. Et encore. Les avis divergent sur ce point, entre les partisans du « tous testés », souvent des psychologues évaluateurs, et ceux qui portent un regard plus nuancé sur la capacité des tests à saisir la nature de l'intelligence. Le débat n'avance pas beaucoup Julie. Elle ne dispose pas de performances exceptionnelles à mettre dans la balance pour convaincre un éventuel examinateur.

Les traits de caractère attribués souvent aux adultes surdoués, et qui ont provoqué en Julie de multiples échos, ne suffisent pas plus à identifier avec certitude le haut potentiel. Elle l'a découvert en confrontant ses lectures. Là encore, la question fait l'objet de querelles. Julie a tout d'abord été séduite par ces multiples correspondances. Elle se trouve particulièrement sensible et anxieuse, est perfectionniste, supporte mal les injustices, a un sens de l'humour parfois déroutant et souvent incompris. Mais elle doit bien admettre que beaucoup de personnes sont susceptibles de se reconnaître dans ce tableau. Peut-être un peu trop. Mais que dire alors des nombreuses questions existentielles qui l'accompagnent en secret depuis l'enfance ? De l'intense sentiment de décalage ? Elle y voit des indices plus consistants d'une véritable différence, quelle qu'elle soit.

Julie passe en revue ces arguments, les soupèse. Elle n'est toujours pas plus avancée. Quels que soient les chemins de réflexion empruntés, ils la ramènent à chaque fois au même point. Dans son cas, l'évaluation de l'intelligence par les tests est la seule manière de savoir. Julie ne se sent pas prête à passer une batterie de tests. Mais elle se dit que, de toute façon, elle ne sera jamais prête à passer une évaluation. Elle ne s'est jamais sentie à la hauteur. Il n'y aura peut-être pas de *bon moment.* Si elle veut obtenir des réponses claires, il faut s'y résoudre. Affronter, peu importe comment.

Et si les tests révèlent qu'elle n'est pas surdouée ? Au moins, la question sera réglée. De toute façon, elle n'arrive pas à s'imaginer intelligente. La vision qu'elle a d'elle-même peut difficilement être pire. Elle n'a rien à perdre.

Soudain, Julie se décide, prend son téléphone et compose les dix chiffres du numéro de madame Joubert. Elle attend quelques secondes, puis appuie sur l'icône du téléphone vert. Les quatre sonneries lui paraissent interminables. Une voix claire répond.

Dans une semaine, Julie rencontrera madame Joubert.

12

— Alors ? demande Stéphane.

Julie ne répond pas. Elle vient tout juste de déposer ses affaires dans l'entrée et d'enlever son manteau.

— Comment ça s'est passé ?

Julie soupire. Elle traverse le salon et vient s'asseoir sur le canapé. Stéphane tente l'humour :

— Aussi mal que ça ?

— Oui.

La réponse est sans équivoque, dépourvue de second degré. Elle semble résonner comme une sentence. Appuyée sur le dossier du canapé, Julie est abattue. Stéphane redevient sérieux.

— Ah.

Julie soupire de nouveau.

— Il va falloir envisager l'hypothèse que je me sois trompée.

— Tu crois ?

— J'ai complètement raté les tests.

— Tu m'expliques ?

Julie se concentre pour rassembler l'énergie qui lui reste.

— Il y avait différents exercices. Des cubes à assembler pour reproduire une figure, des symboles à recopier, des tests de logique, des exercices de maths, des séries de chiffres à retenir…

Julie marque une pause. Elle soupire encore une fois.

— Tout ça en temps limité. La psychologue avait un chronomètre. Il fallait aller le plus vite possible. Tu imagines le truc ?

— Pas évident.

— J'ai paniqué. J'ai horreur des épreuves de rapidité. Ça me bloque. Du coup, j'ai perdu du temps. Pour les cubes, je tremblais. Pour les tests logiques, il fallait que je vérifie mes réponses avant de les donner. C'était plus fort que moi. Le pire, c'étaient les chiffres à retenir. Je n'arrivais pas à me concentrer et à enregistrer ce qu'elle me disait. J'ai fini par laisser tomber. Non, mais quelle horreur ! Rien que d'y penser, ça me donne des frissons.

— Oh, mon amour ! Je compatis, dit Stéphane en la prenant dans ses bras. Il la réconforte du mieux qu'il peut.

— La psychologue en tiendra peut-être compte ?

— Elle a bien vu que je n'étais pas à l'aise. Elle a été patiente et a essayé de me rassurer comme elle le pouvait. Mais cela ne changera rien au résultat. Ils ont des normes. Les règles sont les mêmes pour tout le monde, stress ou pas.

— Il y a bien certains exercices que tu dois avoir réussis ?

— Je ne sais pas. J'ai l'impression de m'être mieux débrouillée avec le test de logique qui n'était pas chronométré : j'avais le temps, j'ai pu le faire à ma façon.

— Ah, tu vois.

— Il fallait aussi définir des mots, un peu comme un test de vocabulaire. Et trouver le concept commun à deux mots. Ceux-là m'ont paru très faciles. Trop faciles. C'était bizarre. Je me demande si j'ai bien compris la consigne.

Stéphane a l'air soulagé.

— Ce n'est peut-être pas aussi terrible que tu l'imagines. C'est normal que tu réussisses mieux certains exercices que d'autres. On ne peut pas être bon partout.

Julie fait la moue. Elle ne partage pas le même optimisme.

— À mon avis, ce n'est pas terrible.

Elle soupire une fois de plus, dépitée.

— De toute façon, c'est fait ! Je ne peux pas revenir en arrière.

— Oui. C'est fini, c'est tout ce qui importe pour le moment. Pour le reste, tu verras bien au prochain rendez-vous.

Julie est en colère contre elle-même. Elle se sent coupable, comme à l'époque. Pourtant, elle n'est plus cette petite fille face au tableau noir. *Tu aurais pu te maîtriser !* la sermonne la petite voix.

Le test d'intelligence a mobilisé les mêmes enjeux, de nouveau. Elle a le sentiment de ne pas avoir réussi à surmonter son angoisse et de l'avoir laissée, une fois de plus, décider de sa vie à sa place.

13

Le dos bien droit, campée dans son fauteuil, Julie regarde la psychologue avec un air anxieux et incrédule à la fois.

— Je ne comprends pas très bien ce que vous essayez de me dire. Je suis surdouée ou pas ?

Madame Joubert, une grande femme d'une cinquantaine d'années aux cheveux châtains et au regard sagace, arbore une expression empathique. Elle semble mesurer la détresse que ressent Julie en ce moment.

— Très bien. Je sais que les résultats ne sont pas à la mesure de vos attentes. Je vais tenter d'être plus claire.

Julie acquiesce en guise de remerciement. Elle est suspendue aux lèvres de madame Joubert.

— La WAIS-IV, qui est le nom de la batterie de tests que vous avez passée, permet d'évaluer le quotient intellectuel au travers de quatre grandes dimensions. « L'indice de compréhension verbale » mesure vos aptitudes langagières, votre culture générale, ainsi que votre capacité à utiliser le langage pour former des concepts. Vous obtenez un résultat très élevé dans ce domaine, puisque votre ICV est estimé entre 136 et 149. Les subtests Vocabulaire et Similitudes constituent des points forts. Nous parlons de « subtests » pour désigner les différentes épreuves.

Madame Joubert marque une pause pour laisser le temps à Julie d'intégrer l'information. Julie aime la littérature, l'histoire et la philosophie. Il faut une bonne maîtrise du langage pour aborder ces domaines complexes. Cet avantage est cohérent avec son profil. Mais les chiffres lui paraissent extravagants. Elle ne dit rien et se contente de hocher la tête.

— La deuxième dimension s'appelle « l'indice de raisonnement perceptif » ou IRP. Il évalue vos compétences logiques dans l'espace, lorsqu'elles sont appliquées à un matériel visuel. Cet indice est composé de l'épreuve des Cubes, des Puzzles visuels et des Matrices. Vous obtenez un IRP situé entre 115 et 127. Il est moins élevé, relativement à l'ICV, l'indice de compréhension verbale. Cependant, quand on regarde le détail des épreuves, on se rend compte que vos performances sont hétérogènes. Votre résultat au subtest Matrices est très élevé – il représente également un point fort – tandis que les notes obtenues à Cubes ou Puzzles visuels sont plus basses. Matrices est le seul exercice qui ne soit pas en temps limité…

— Et donc ?

— Vous étiez stressée pendant la passation du test. Et votre stress a eu plus d'impact sur les épreuves qui étaient chronométrées.

Julie soupire. Encore l'angoisse. Elle a l'impression de trouver sur son chemin une vieille connaissance trop insistante.

— C'est vrai. Quand on me demande d'être rapide, je ressens une grande pression. Pour certains, la pression les motive. Moi, elle me paralyse. Elle me donne juste envie de m'enfuir…

— On dit que l'anxiété inhibe vos performances. Cela s'est aussi ressenti sur les deux autres indices.

— Les autres indices ?

— « L'indice de vitesse de traitement » mesure votre rapidité dans des tâches cognitives simples. Vous obtenez un résultat estimé entre 93 et 111.

Julie accuse le coup.

— C'est nettement plus bas que les indices précédents.

— Oui. Le stress a joué, bien sûr. Mais pas uniquement. Vous avez également perdu du temps à vérifier vos réponses. Je vous ai bien observée. Vous vérifiez systématiquement ce que vous faites. Je me demande même s'il ne vous arrive pas de le faire plusieurs fois…

Julie est gênée. Cela non plus n'a pas échappé à madame Joubert.

— C'est un vieux réflexe d'école…

— Quand la consigne vous demande de travailler le plus vite possible, vous n'avez pas le temps de vérifier. L'erreur fait partie des risques à prendre.

— Je ne peux pas faire autrement. C'est plus fort que moi. J'ai besoin de vérifier.

— En contrepartie, je dois admettre que toutes les réponses que vous aviez données au subtest Symboles étaient exactes, dit madame Joubert en souriant. Vous avez ce que nous appelons « des traits obsessionnels de la personnalité ». J'imagine que vous êtes perfectionniste ?

Julie se détend un peu.

— On me l'a déjà dit ! Disons que j'aime que les choses soient bien faites… et que j'ai une conception des choses bien faites que tout le monde ne partage pas.

— Je m'en doutais.

Julie esquisse un léger sourire.

— Et le dernier indice ?

— C'est « l'indice de mémoire de travail » ou IMT. Il évalue la quantité d'informations que vous pouvez retenir en mémoire pour effectuer des opérations mentales. Il est composé des subtests Arithmétique et Mémoire des chiffres.

Julie fait la moue.

— Je crois que ce n'étaient pas vos préférés. Je me trompe ?

— Pas du tout. J'ai horreur de tout ce qui contient des chiffres.

— Une petite phobie des mathématiques ?

— On peut le dire comme ça. Disons que certaines expériences ont été… comment dire… traumatiques.

— Vous avez eu des difficultés à vous concentrer sur ces deux exercices.

— Ça ne m'étonne pas.

— Votre résultat est assez bas étant donné les autres performances dont vous vous êtes montrée capable. L'IMT est évalué entre 93 et 107.

— En effet…

— La WAIS-IV évalue la mémoire de travail seulement à l'aide d'informations auditives, présentées sous une forme chiffrée. Cela rend l'IMT très sensible aux difficultés d'attention et de concentration, qu'elles soient dues au stress ou…

— … à une histoire difficile avec les mathématiques.

— Exactement. Et comme vous êtes concernée par les deux, je ne prendrai pas le risque de dire que ce résultat évalue véritablement vos capacités en mémoire de travail. Je ne suis pas sûre qu'il soit très représentatif.

— Donc, si je comprends bien, le stress a beaucoup influencé les résultats. Surtout dans les épreuves chronométrées.

— Le stress, votre tendance obsessionnelle à la vérification ainsi que votre « phobie des mathématiques ».

Julie prend un peu de temps pour digérer tous ces éléments disparates.

— Et le résultat général ? Je veux dire, je crois que vous calculez ensuite un quotient intellectuel total.

— Il n'est pas calculable.

Julie a un mouvement de surprise.

— Comment ça ?

— Lorsqu'il y a plus de quinze points d'écart entre les deux principaux indices, l'indice de compréhension verbale et l'indice de raisonnement perceptif, on ne peut pas calculer le quotient intellectuel total, le fameux QI.

Madame Joubert se reprend :

— Enfin, disons qu'il est arithmétiquement possible de calculer un QI total. Mais il n'a aucun sens. C'est pourquoi je ne le fais pas. Je n'ai pas envie que vous repartiez avec une idée erronée de vos compétences. En cas de profil hétérogène, ce qui est votre cas, on s'attache uniquement au détail des indices.

Julie fronce les sourcils. C'est plus compliqué que prévu.

— Mais il me semblait avoir lu que pour être une personne à haut potentiel, il fallait obtenir un QI égal ou supérieur à 130 ? Si mon QI n'est pas calculable, comment savoir si je suis concernée par le haut potentiel ?

Madame Joubert prend la même expression empathique que tout à l'heure.

— Pour tout vous dire, vous tombez au beau milieu d'une querelle d'écoles.

Encore une ! se dit Julie intérieurement. Décidément, le champ du haut potentiel est miné. La réponse ne peut pas être simple.

— C'est-à-dire ?

— La plupart des spécialistes adoptent une approche catégorielle du haut potentiel, en considérant qu'il commence à partir d'un QI égal ou supérieur à 130. Avant 130, on n'est pas surdoué. Après 130, on l'est. La première remarque que je ferais est que si on tient compte de l'erreur de mesure, c'est-à-dire du fait que les performances peuvent légèrement varier en fonction du moment où le test est passé et de la disponibilité de la personne à ce moment donné, il faudrait plutôt suspecter la présence d'un haut potentiel à partir de 124 ou 125, en fonction de l'intervalle de confiance choisi. Pour n'oublier personne. La deuxième remarque que je ferais est que l'intelligence est en réalité une variable continue. Il ne se passe rien de bien différent entre 129 et 131. Même entre 128 et 132. Le seuil de 130 n'est qu'une convention statistique qui repose sur un seuil de rareté, les fameux 2,3 pour cent de la population.

Julie essaie de suivre et, étrangement, elle y arrive plutôt bien.

— Oui, je vois.

— Cette conception, moyennant certaines nuances dont je viens de parler, peut s'appliquer aux profils homogènes. C'est-à-dire aux personnes qui obtiennent des résultats proches aux deux principaux indices, de manière à ce qu'on puisse calculer un QI total. Mais ce profil n'est en réalité pas le plus fréquent.

— Ah bon ?

Julie paraît surprise. Madame Joubert hoche la tête.

— Oui. Nous savons que plus le QI augmente, plus l'écart se creuse entre les indices. En effet, les indices de mémoire de travail et de vitesse de traitement sont souvent plus bas que les autres chez les personnes à haut potentiel. Mais il arrive aussi fréquemment que l'écart soit important entre les deux principaux indices eux-mêmes, l'indice de compréhension verbale et l'indice de raisonnement perceptif.

Julie se sentait un peu moins bizarre. Elle n'était donc pas la seule.

— Pourquoi ?

— Quand on arrive dans des domaines de performances exceptionnelles, c'est difficile d'être bon partout ! Pour les adultes, on peut aussi se dire qu'ils ont une histoire scolaire, professionnelle, voire personnelle, qui les a amenés à se spécialiser. À développer certains domaines de compétences au détriment d'autres.

Julie n'avait jamais pensé à cela. Elle comprend mieux l'écart entre ses différentes notes. La psychologue poursuit :

— Il arrive donc assez souvent qu'il ne soit pas possible de calculer un quotient intellectuel total. Mais lorsqu'une personne se pose des questions sur le haut potentiel, et qu'elle obtient un profil hétérogène au test, comment lui répondre si nous nous appuyons uniquement sur une approche catégorielle basée sur le QI total. Vous imaginez la scène ?

Julie imagine très bien la scène. Elle y est justement.

— C'est pourquoi certains psychologues recommandent d'examiner chaque indice séparément, et de considérer la présence d'un haut potentiel par domaine. Cette approche a d'autant plus de pertinence que les tests évoluent avec le temps, chaque nouvelle version venant modifier les modalités d'évaluation et la conception des composantes de l'intelligence. Ce qu'on sacralise aujourd'hui sera peut-être caduc demain. Le champ de réflexion sur le haut potentiel est en constante évolution.

Julie trouve ces considérations théoriques très intéressantes, mais elle aurait aimé recentrer l'échange sur une problématique plus personnelle.

— Et dans mon cas ?

— Vos résultats aux tests mettent clairement en évidence un haut potentiel dans le domaine verbal.

Julie se sent soulagée. Elle a enfin un début de réponse.

— D'accord. Et pour les autres indices ?

— Le test ne permet pas à ce jour de mettre en évidence d'autres domaines concernés par le haut potentiel. Votre indice de raisonnement perceptif est élevé, évoquant des capacités dans ce domaine très supérieures à la moyenne. Les autres indices sont dans la moyenne. Mais je continue à penser que vos performances ont été affectées par l'anxiété et les vérifications, les rendant moins représentatives de vos capacités réelles.

— Très bien.

— Est-ce que cela vous semble cohérent avec ce que vous percevez de vous-même ?

Julie réfléchit.

— En sortant de votre bureau la dernière fois, j'avais le sentiment d'avoir raté le test. De ne pas avoir réussi à mettre mon anxiété de côté pour me concentrer sur les exercices et être performante. C'est une sensation que je connais bien. Je l'ai ressentie durant une bonne partie de ma scolarité, à chaque évaluation. C'est ce qui m'a poussée à arrêter mes études d'histoire. Je n'en pouvais plus de me mettre la pression.

— Vous étiez en échec ?

— Mes notes n'étaient pas exceptionnelles mais elles restaient honorables. J'aurais pu continuer. Ce qui était compliqué pour moi, c'était de ne pas réussir à aller au bout de ce dont j'étais capable. De me décevoir moi-même. Je n'étais pas objectivement en échec. Mais je me *sentais* en échec.

— Vous êtes exigeante avec vous-même. Et vous manquez de confiance en vous.

Julie a un petit sourire.

— Mon mari me le dit souvent. Je ne m'attendais pas à ce que certains résultats soient aussi élevés. Dans le domaine verbal, par exemple. Les exercices m'ont paru faciles. J'imagine que beaucoup de personnes doivent les réussir.

— Détrompez-vous. Rares sont les personnes qui les réussissent aussi bien. Vous avez des compétences exceptionnelles dans ce domaine. Il est temps que vous en preniez conscience.

Après avoir remercié madame Joubert pour ses explications, Julie quitte le cabinet d'un air songeur. Elle espérait, peut-être un peu naïvement, que le test apporterait des réponses définitives à ses questions. Elle n'est pas déçue pour autant. Mais elle est désappointée. Cela ne pouvait pas être simple. Julie s'était toujours étonnée de la complexité du monde et des êtres. Pourquoi en serait-il autrement pour elle ? Les réponses apportées sont tout en nuances. Elles contiennent en germe d'autres questions, plus essentielles.

À toi de les découvrir et d'y répondre à ta manière… Le véritable travail ne fait que commencer.

IMAGINE

14

Julie arpente d'un pas décidé le couloir du premier étage du lycée Baudelaire. Elle s'arrête devant la troisième porte à droite, hésite un instant. Agathe doit encore être dans l'établissement. Elle espère la trouver dans la salle 103 : la professeure de philosophie y reste souvent pour préparer ses cours ou corriger des copies. Julie se décide à toquer doucement. Une voix intriguée se fait entendre de l'autre côté de la porte.

— Oui ?

— C'est Julie !

La voix prend un accent plus chaleureux.

— Ah, Julie ! Entre !

Julie glisse sa tête dans l'entrebâillement de la porte.

— Je ne te dérange pas ?

— Non, pas du tout. J'étais en train de corriger mes dissertations. Mais je crois bien qu'ils m'ont épuisée ! Si tu savais le nombre de bêtises que je trouve dans les copies…

Julie s'avance dans la pièce.

— À ce point ?

— Oui. Parfois je me demande s'il vaut mieux en rire ou en pleurer. Enfin. Il y en a toujours quelques-unes pour rattraper le lot.

— La philosophie est une matière exigeante. Peu d'élèves sont prêts à l'aborder en terminale. Ils n'ont pas assez de maturité.

Agathe fixe Julie de son regard intense.

— Parce que tu penses que le temps change quelque chose à l'affaire ?

— Pour certains, oui. J'imagine qu'ils y viennent parfois plus tard, au moment où ils s'interrogent sur eux-mêmes, sur leur vie.

La professeure de philosophie a un petit sourire.

— Peut-être. En tout cas, je ne les ai pas rencontrés, ceux-là.

— J'admets avec toi que pour une grande majorité, ils ne seront jamais prêts à faire de la philosophie.

Agathe fait signe à Julie de prendre une chaise et de se rapprocher. Elle reprend :

— Je le crains. Depuis que je suis enseignante, j'ai le sentiment de faire cours pour quelques élèves. Ceux qui comprennent ma matière et qui s'y intéressent. Tu me diras que ce n'est peut-être pas très motivant, mais j'ai appris à m'en contenter. Parce que, aussi peu nombreux qu'ils soient, ces élèves-là en valent la peine.

Julie rougit. Elle a fait partie de ces élèves, autrefois. Elle sent l'émotion monter doucement. Elle se redresse sur sa chaise et s'éclaircit la voix pour retrouver un peu de contenance.

— Ah bon ? Qu'est-ce que tu veux dire ?

Agathe semble regarder un temps dans le vague avant de répondre.

— Ils ne sont pas comme les autres élèves.

— Comment ça ?

— Ils sont plus curieux, plus matures, plus profonds. Ils ont soif de comprendre le monde et de le penser. La complexité ne les arrête pas. Au contraire, ils s'en nourrissent.

— Je vois ce que tu veux dire.

— Pour ces élèves-là nous remplissons un rôle particulier. Je dirais même que nous avons une responsabilité à leur égard.

— Une responsabilité ?

— En quelque sorte, oui. Nous leur ouvrons la voie. Comme d'autres l'ont fait avant nous, nous les accompagnons sur le chemin de la connaissance.

Julie sourit intérieurement face aux multiples échos qui résonnent en elle. Elle murmure, pensive :

— Maître à disciple…

Agathe la regarde avec un air de connivence. Elle reprend à voix haute les mots de Julie :

— Maître à disciple.

Un silence plein s'installe tranquillement. Agathe pense à tous les élèves qu'elle a vus défiler dans cette classe, à la manière dont ils se ressemblent tout en étant à chaque fois différents. Elle sourit.

— Ils ne sont pas toujours très disciplinés ! La fougue de la jeunesse, l'enthousiasme des découvertes… l'impertinence parfois. Ils ont tout le temps de l'expérience ! Mais un jour, peut-être, ils reprendront le flambeau. À leur tour, ils éclaireront d'autres pas…

Elle marque une pause, avant d'ajouter :

— Nous sommes des passeurs.

Puis elle se tait.

— Mais tu n'es sans doute pas venue me voir pour écouter mes élucubrations de prof de philo !

— C'est très intéressant. Je te rappelle que la philo faisait partie de mes matières préférées.

— Oui, je sais. Toi aussi, tu as une histoire avec la philo. Mais tu te caches !

Julie rougit de nouveau.

— Je me cache ?

— Tu caches aux autres tes véritables amours…

— Ah, je me protège, oui. Tu sais ce qu'ils en disent…

— Je sais. Je les entends assez depuis vingt ans. Mais moi je n'ai jamais pu me cacher… C'est écrit sur mon visage !

La professeure de philosophie a un petit rire. Julie avoue :

— Je te trouve courageuse, Agathe.

— Merci. À vrai dire, je n'ai pas le choix. J'ai résolu ce problème il y a longtemps. Je ne vais pas m'empêcher de faire ce que j'aime pour leur plaire. À quoi bon ? Ils ne m'estimeraient pas plus. Alors autant être telle que je suis.

— Tu as raison. Si seulement j'avais le même courage…

Surprise par de tels propos, Agathe regarde son amie.

— Qu'est-ce qui se passe, Julie ?

Julie hésite. Elle se demande si elle peut lui en parler. Elle a peur de paraître présomptueuse ou ridicule. Peur d'être jugée. En même temps, Agathe fait partie des personnes qui la connaissent le mieux. À qui le dire sinon ? Elle a besoin de partager ce qu'elle vit.

— Disons que je traverse une période mouvementée… intérieurement.

— C'est-à-dire ?

— Je t'ai dit que Lucas avait des soucis à l'école et que nous l'avions emmené voir une psychologue.

— Oui, je me souviens.

— Lucas a passé un bilan, et il se trouve qu'il n'a pas du tout de problème d'attention. Simplement, il s'ennuie en classe. Et accessoirement, il ne s'entend pas avec sa maîtresse.

Agathe fait la grimace.

— La situation semble compliquée, en effet.

— Le bilan a aussi révélé que Lucas était très intelligent.

— C'est normal ! Il tient de sa mère ! plaisante la professeure de philosophie.

Julie marque une pause. Elle reprend sur un ton sérieux :

— Tu ne crois pas si bien dire…

— Mais quel est le problème ?

— Il n'est pas seulement intelligent. Lucas est un enfant à haut potentiel intellectuel.

— À haut potentiel intellectuel ?

— Il est surdoué.

— Ah. Et c'est un problème ?

Julie réfléchit avant de répondre :

— Ce n'est pas un problème en soi. Tant mieux pour lui s'il a de grandes capacités. Ce qui est plus compliqué, c'est que la maîtresse ne va pas à son rythme, mais à celui des autres… et qu'elle estime que c'est à lui de s'adapter.

— Ah… le rythme des *autres*… Elle n'est pas très à la page, sa maîtresse. Avec toutes les pédagogies alternatives qui se développent, c'est dommage qu'elle en soit encore là.

— Je suis bien d'accord avec toi.

— Je comprends que cela te préoccupe.

Julie fait un effort pour poursuivre.

— Il n'y a pas que ça. Ce qui s'est passé pour Lucas m'a fait réfléchir à ma propre histoire. J'ai décidé de passer des tests moi aussi.

Agathe fixe Julie de son regard bleu et intense.

— Toi aussi, tu es surdouée ?

— C'est compliqué. Disons que je le suis en partie.

— En partie ?

— La psychologue m'a expliqué que j'avais un haut potentiel dans le domaine verbal, c'est-à-dire dans tout ce qui a trait au langage et aux concepts verbaux.

La professeure de philosophie prend un air amusé.

— Hmm… je vois. Et il t'a fallu un test d'intelligence pour t'en rendre compte ?

Julie est désarmée par la remarque de son amie.

— Euh… je crois bien, oui.

— Julie !

— Quoi ?

— Tu as trente-cinq ans et tu ne sais toujours pas que tu es intelligente ?

Elle ne répond pas. Agathe poursuit :

— Mais enfin, Julie… il suffit de te connaître un peu – je veux dire te connaître vraiment – pour se rendre compte que tu manies le langage comme les concepts avec beaucoup d'aisance.

— Tu trouves ?

— Bien sûr !

Agathe réfléchit.

— J'ai l'impression que c'est à la mode en ce moment, de se faire tester ! J'ai plusieurs amis qui viennent de se découvrir surdoués… ou « à haut potentiel », comme tu dis.

— Ah bon ?

— Oui. Je ne doute pas de leur intelligence. Et je suis persuadée qu'être vraiment très intelligent peut entraîner un rapport au monde particulier. Moi-même je m'interroge parfois… Ce qui me gêne, c'est que certains parlent de leur QI comme si ce chiffre leur donnait plus de valeur : « Tu te rends compte, j'ai 145 de QI. C'est dingue ! »

— C'est la dérive que je constate souvent sur internet, les gens se fixent sur les chiffres.

— Il me semble que c'est confondre intelligence et performance. Un quotient intellectuel ne nous résume pas. Ce n'est rien d'autre qu'une note. Et une note ne détermine pas tout ce dont nous sommes capables. Le quotient intellectuel n'est pas l'intelligence. C'est une notion trop vaste et trop complexe pour se réduire à une série d'exercices !

— Je te rejoins sur ce point. J'ai du mal à me dire que l'intelligence réside dans le fait de recopier le plus vite possible des petits dessins qui n'ont aucun sens… Je ne vois pas l'intérêt.

— Le sens ! Quoi de plus important pour stimuler la curiosité ! Pour déclencher l'élan qui mène aux idées révolutionnaires et aux grandes découvertes !

La professeure de philosophie a prononcé cette dernière tirade avec emphase. Elles se mettent à rire toutes les deux. Julie sait que son amie a forcé le trait.

— Je te remercie de m'aider à relativiser.

— Tu peux compter sur moi.

Un silence complice enveloppe les deux amies. Julie se dit qu'elles ont de la chance de s'être trouvées. C'est bon de se sentir comprise. Véritablement comprise.

— Tu n'es pas seulement intelligente, Julie. Tu es bien plus que cela.

Julie rougit de nouveau.

— Qu'est-ce que tu veux dire ?

— Tu es bienveillante, juste…

— Vraiment ?

Julie ne sait plus où se mettre. Elle n'a pas l'habitude d'entendre autant de compliments en une seule conversation.

— Tu as beaucoup de sensibilité, et de l'intuition aussi. Tu gagnerais à t'écouter plus souvent.

Même un trou de souris aurait fait l'affaire.

— Et il y a une qualité essentielle qui te sert tous les jours…

— Laquelle ?

— Tu es sociable. Tu sais communiquer avec les autres, quelle que soit leur personnalité. Tu arrives à trouver ta place partout. Je n'ai jamais eu cette capacité.

L'espace d'un instant le regard d'Agathe se fait nostalgique. Julie rétorque :

— Je m'adapte bien, c'est vrai. Mais à quel prix…

— Au prix de te cacher. Je sais.

— Et au prix de ne pas me défendre. Stéphane me le fait assez remarquer.

— Tu pourrais te permettre de t'affirmer plus, Julie.

— J'ai peur qu'ils me rejettent.

— Je comprends.

La professeure de philosophie est bien placée pour savoir que les autres ne sont pas toujours tendres.

— Mais tu bénéficies d'un capital de sympathie dont tu n'as pas idée dans ce lycée. Il en faudrait beaucoup, je pense, pour qu'ils te rejettent. Tu n'es pas moi, Julie.

— Je n'en suis pas sûre…

— Peut-être qu'ils te pardonneront d'être *un peu différente.*

— Peut-être…

Julie n'est pas prête à prendre une nouvelle fois le risque d'être mise de côté. Son amie continue :

— Maintenant, tu vas te poser les bonnes questions.

— Lesquelles ?

— Qui es-tu ?

Elle sourit. Agathe ne croit pas si bien dire. Elle est plongée en plein questionnement identitaire.

— Quelle vie as-tu envie de mener ?

Un vaste programme de réflexion s'ouvre devant elle.

— La réponse à ta deuxième question dépend de la première.

La professeure de philosophie acquiesce.

— Fais en sorte que ta vie te ressemble. Fais-en un acte d'accomplissement et d'engagement.

Julie sourit à son amie. Elle se lève et l'embrasse.

— Merci pour tes précieux conseils. Je vais… y réfléchir.

Agathe est émue, elle aussi.

— File ! Tu vas être en retard pour aller chercher Lucas ! Je ne voudrais pas qu'il attende sa maman à cause de moi.

Julie se dirige vers la porte. Troublée par sa conversation avec Agathe, elle a l'étrange sentiment d'avoir oublié quelque chose. Elle allait appuyer sur la poignée quand un souvenir récent lui revient brusquement en mémoire. Elle se retourne.

— J'allais oublier. Tu as le bonjour de Baptiste. Je l'ai croisé l'autre jour.

— Baptiste ?

— Tu te souviens de lui ?

Elle n'a pas beaucoup d'espoir. Agathe ne l'a pas eu en cours.

— Bien sûr que je m'en souviens ! Que devient-il ?

Agathe s'est exclamée, comme si elle recevait une lettre qu'elle avait espérée et qu'elle n'attendait plus.

— Il vit dans l'Oise et il travaille dans la métallerie.

— Il a choisi un parcours d'ingénieur en physique des matériaux ?

— Non. Il est métallier-serrurier.

La professeure de philosophie ne peut masquer sa surprise et sa déception.

— Métallier-serrurier ? Il a été orienté vers un certificat d'aptitude professionnelle ? Baptiste ?

— J'ai eu la même réaction que toi.

— Mais je ne comprends pas. Il devait passer en première scientifique… Il voulait faire des études supérieures en physique-chimie.

— Je sais. J'ignore ce qui s'est passé.

Elles restent silencieuses un instant. Agathe se reprend :

— Après tout, s'il a trouvé sa voie. Du moment qu'il est heureux, c'est tout ce qui compte.

— Je trouve ça étrange. Ce n'est pas le projet qu'il avait en seconde. Baptiste n'était pas un garçon versatile. Il n'était pas non plus du genre à baisser les bras. Quand il avait une idée en tête, il ne l'avait pas ailleurs.

— C'est exact. Un élément nous échappe…

Julie pose la question qui l'intrigue :

— Comment connais-tu Baptiste ? C'était un élève de seconde.

Agathe a un petit sourire énigmatique.

— La philosophie permet bien des rencontres…

— Tu me fais marcher ! Sérieusement ?

— Sérieusement. Baptiste est venu me voir un jour. C'était une fin d'après-midi, un peu comme celle-ci. Il m'a dit qu'il s'intéressait à la philosophie, qu'il se posait beaucoup de questions. Il n'avait pas envie d'attendre la terminale pour y répondre. Il souhaitait des conseils de lecture. J'étais étonnée qu'un élève de seconde me sollicite. Mais je lui ai tout de même donné deux références, des livres courts et accessibles. Il est revenu une semaine plus tard. Il en voulait d'autres.

15

Le soir même, Julie demande à Stéphane de garder les enfants samedi après-midi. Puis elle envoie un texto à Baptiste pour lui proposer d'aller prendre un verre avec elle. Il est content d'avoir de ses nouvelles. Il accepte avec plaisir. Le week-end approche. Elle est bien décidée à résoudre le mystère qui entoure ce changement d'orientation.

Avec l'aide d'Agathe, Julie a défini les questions auxquelles elle souhaite apporter des réponses. Elle entend les laisser se déployer à leur rythme. Le temps est un ingrédient essentiel qui dénoue de nombreux questionnements. Elle a décidé de lui faire confiance. Elle se sent plus apaisée par ces nouvelles résolutions intérieures.

Mais l'ambiance à la maison est de plus en plus électrique. Lucas, lui, ne va pas mieux. C'est même pire de semaine en semaine. L'opposition passive pour s'habiller le matin s'est désormais transformée en crises de colère, puis de larmes.

Il ne veut plus aller en classe et le clame ouvertement. Le chemin de l'école est ponctué de longs chapelets de supplications. Quand ils arrivent à la grille, Lucas se blottit dans les bras de Julie et refuse d'en descendre. La maîtresse est obligée de l'arracher de ses bras au milieu des cris de détresse. Julie ne supporte plus ces séparations douloureuses. Elle se sent impuissante, désemparée. Elle ressent aussi de plus en plus de colère vis-à-vis du comportement de la maîtresse.

Avec Stéphane, ils se sont résolus à demander un rendez-vous particulier à la maîtresse, ainsi qu'à la directrice.

Les parents de Lucas ont beau exposer leurs inquiétudes, l'enseignante campe sur ses positions :

— Je pense que Lucas n'est pas assez mature affectivement pour l'école primaire, assène madame Jean. De toute évidence, il souffre d'une angoisse de séparation qu'il convient de travailler en thérapie.

Allons bon ! La voilà psychologue maintenant ! Elle ne sait même pas de quoi elle parle ! pense Julie. Mais c'est Stéphane qui craque le premier devant autant de mauvaise foi. Il répond avec agacement :

— Je vous rappelle que Lucas n'a jamais eu de difficultés à se séparer de nous, ni à se rendre dans un lieu extérieur à la maison. Quel hasard incroyable ! Quand j'y pense, vous êtes la seule à nous signaler des problèmes de comportement – sur l'origine desquels vous vous êtes d'ailleurs royalement plantée ! Je commence à douter sérieusement de vos compétences…

— Monsieur, je ne vous permets pas, rétorque l'enseignante.

Mais Stéphane couvre aussitôt les paroles de madame Jean. Son agacement se mue en colère.

— Vous allez me laisser finir ! Vous ne vous êtes même pas rendu compte que Lucas savait lire ! Angoisse de séparation, et puis quoi encore ?! Tous les prétextes sont bons pour éviter de vous remettre en question !

Julie ne dément pas son mari. Elle reprend simplement sur un ton plus calme, mais tout aussi ferme.

— Lucas est tellement angoissé à l'idée d'aller en classe qu'il est en train de développer une phobie scolaire. De toute évidence, c'est ce qui se passe à l'école qui le met en souffrance. Le punir parce qu'il a des difficultés à s'investir dans les activités ne fait que renforcer le problème. Ce n'est pas comme ça que vous allez gagner sa confiance. À quoi bon nous envoyer consulter une psychologue si c'est pour ignorer son évaluation et ses recommandations ? Je regrette que rien n'ait été mis en place pour régler la situation.

Sur la défensive, la directrice intervient :

— Nous refusons de nous laisser dicter notre conduite ! Par qui que ce soit d'ailleurs ! Nos méthodes ont largement fait leurs preuves. On ne peut pas en dire autant de toutes les sornettes *new age* qui ont le vent en poupe en ce moment, et qui sont d'ailleurs parfaitement inadaptées à un enseignement en classe – et peut-être même dangereuses pour l'éducation des enfants. Ce n'est pas à mon âge que vous allez m'apprendre mon métier, madame ! Qui êtes-vous pour me juger ? Ce sont les règles de l'école et chacun doit les respecter ! Lucas n'est qu'un enfant mal élevé qui manque de limites et de maturité. Il ferait mieux de grandir et d'apprendre les bonnes manières. Mais ça – je vous le rappelle – c'est le rôle des parents et pas de l'école ! Votre rôle à vous !

Stéphane surenchérit sur un ton étrangement froid et calme :

— Notre rôle de parents, c'est de protéger Lucas.

Il soupire, puis continue :

— Vous ne nous laissez pas le choix. Il est hors de question que vous démolissiez notre fils ! Alors, écoutez-moi bien, toutes les deux. Si à l'avenir vous vous permettez encore la moindre violence psychologique envers lui, nous écrirons à l'académie et nous vous collerons un procès au cul ! Est-ce que c'est bien clair ?!

Coupant court à la conversation, Stéphane se lève et sort du bureau sans rien dire, empli d'une colère froide. Julie salue madame Jean et la directrice avec un sourire poli. Puis elle quitte la pièce à son tour, sans se retourner, les laissant figées sur leurs chaises, interloquées.

La tournure qu'a prise cet entretien dépasse tout ce que Julie a pu imaginer. Elle se sent étrangement soulagée. C'est moins difficile qu'elle ne l'aurait cru. Elle est fière d'avoir pu s'affirmer pour défendre son fils.

C'est donc à ça qu'il ressemble, le point de non-retour...

16

— Nous vous remercions de nous recevoir en urgence, madame Mariani. Nous savons que vous êtes très occupée, dit Julie un peu confuse.

— Je vous en prie. J'ai compris à votre appel que vous aviez besoin d'aide, répond la psychologue d'un ton aimable.

Rassurée par la compréhension de son interlocutrice, Julie poursuit :

— Lucas va de plus en plus mal. Il est très angoissé et refuse de mettre les pieds en classe. Nous ne savions plus quoi faire. Alors nous avons décidé de rencontrer une nouvelle fois la directrice et la maîtresse. Elles ne veulent rien entendre. Elles ne changeront pas. Nous avons dû…

Julie hésite. Elle ne sait pas trop comment expliquer à madame Mariani le tour qu'a pris l'échange. Stéphane lui vient en aide.

— Nous avons dû défendre notre fils, voilà tout. Nous nous sommes énervés. Nous avons franchement exprimé notre désaccord. Et nous avons clairement posé des limites à leur comportement.

Julie regarde son mari. Il a évidemment raison. Elle conclut :

— Bon. Je crois que le dialogue est rompu avec l'école.

Madame Mariani leur adresse un sourire indulgent.

— Ne vous en faites pas, je comprends votre réaction. Vous avez agi pour le bien de Lucas, j'en suis persuadée. Il n'est pas toujours possible de trouver un terrain d'entente. Au moins, nous aurons essayé de dialoguer avec l'école ! Je suis désolée que cela n'ait pas fonctionné.

Julie se détend.

— Je suis très inquiète pour Lucas. Après l'échange houleux que nous avons eu avec elle, j'ai peur que la maîtresse ne soit encore plus dure avec lui.

La psychologue acquiesce.

— Vous avez raison. Maintenir Lucas dans cette école va devenir compliqué. Est-ce que vous avez envisagé de le changer d'établissement ?

— Nous y avons pensé. Mais changer un enfant d'école en cours d'année n'est pas facile. Et puis, nous ne savons pas trop quel établissement choisir. Nous n'avons pas envie qu'il revive la même chose. Que pouvez-vous nous conseiller pour qu'il ne s'ennuie plus à l'école ?

Madame Mariani prend un moment pour réfléchir.

— Le système éducatif actuel n'est pas pensé pour les enfants à haut potentiel. La progression est trop lente pour eux, trop répétitive. Ils comprennent plus vite que les enfants du même âge, ils ont besoin d'aller plus loin. Certains s'adaptent bien à l'école : ils trouvent des moyens de pallier l'ennui en s'occupant autrement. Ils dessinent en attendant que les autres aient fini leurs exercices, ou inventent des histoires. Mais d'autres vivent de manière plus pénible ces moments de vide. Différentes solutions ont été envisagées et testées pour mieux adapter l'enseignement aux enfants à haut potentiel.

Julie et Stéphane se sentent moins seuls. La situation qu'ils vivent est partagée par d'autres parents d'enfants à haut potentiel. Ils écoutent attentivement les paroles de madame Mariani.

— On peut citer trois grandes sortes d'adaptations : le regroupement, l'enrichissement et l'accélération. Le regroupement consiste à placer les enfants à haut potentiel ensemble dans une même classe – c'est par exemple la solution retenue par les écoles privées réservées aux enfants surdoués. L'enrichissement consiste à proposer des activités ou des connaissances supplémentaires aux enfants à haut potentiel, en plus du programme normal, tout en les maintenant dans des classes mixtes. Ces activités peuvent se faire en dehors des temps de classe, un club de sciences ou un atelier philo, par exemple. Elles peuvent aussi être présentées sous la forme de cours supplémentaires : des approfondissements de notions ou des contenus hors programme sont abordés, sans pour autant anticiper sur le programme des années suivantes. Enfin, l'accélération consiste à suivre le même programme que les autres élèves, mais en un temps plus court. En France, la seule manière d'accélérer le cursus scolaire reste le saut de classe.

Un court silence suit l'exposé de la psychologue.

— Et quelle est la meilleure solution ? s'enquiert Stéphane. Pensez-vous qu'il faut chercher une école pour enfants surdoués ?

Madame Mariani répond avec mesure :

— Évidemment, la décision doit être prise en fonction de chaque enfant, de sa situation particulière. Mais de manière générale, le regroupement ne semble pas être la solution la plus efficace. Les résultats scolaires des enfants surdoués sont globalement meilleurs avec le regroupement. Mais ce n'est pas la seule donnée à prendre en compte. Pour l'estime de soi, il est plus valorisant d'être très bon dans une classe moyenne, que de se sentir moins à l'aise dans une classe très forte. De plus, on a constaté que les enfants à haut potentiel avaient souvent un effet mobilisateur sur l'ensemble de la classe : les résultats des autres élèves baissent lorsqu'on retire les enfants à haut potentiel des classes normales pour les regrouper dans des classes séparées.

— Je ne tiens pas particulièrement à ce que Lucas aille dans une école réservée aux enfants surdoués, commente Julie. La diversité, c'est important. Je préfère qu'il apprenne à vivre avec des personnes différentes de lui.

— Je vous rejoins sur ce point. Lucas est bien intégré socialement. Il est tout à fait capable de s'adapter à une école classique, pour peu que l'école prenne en compte ses particularités.

Stéphane poursuit :

— Et les autres adaptations : l'enrichissement et l'accélération ?

— L'enrichissement donne de bons résultats. C'est un vrai plus pour les enfants. Cela leur permet de développer des intérêts et des compétences supplémentaires, notamment quand il s'agit d'activités en dehors de la classe. Mais selon les études, la solution la plus efficace, c'est l'accélération. C'est vrai en moyenne. C'est-à-dire que le saut de classe sera adapté à certains enfants, et pas à d'autres. La décision devra être prise en fonction de chaque enfant : de ses résultats scolaires, de sa personnalité, de sa maturité affective, de ses capacités d'adaptation.

— Alors, que nous conseillez-vous ?

— Le plus important, c'est de trouver une école à l'écoute des besoins spécifiques de Lucas, et qui soit ouverte à des méthodes pédagogiques qui permettent d'y répondre.

Stéphane fronce les sourcils.

— Et comment trouve-t-on une telle école ?

— Il n'est pas toujours nécessaire d'aller loin ou de payer cher pour trouver une bonne école. N'hésitez pas à vous renseigner : à discuter avec les parents d'élèves, à rencontrer les enseignants. Cela dépend avant tout de l'équipe éducative. Il y a plusieurs écoles dans cette ville…

Madame Mariani n'en dit pas plus, mais Julie a compris. Il n'y a que deux écoles publiques dans la ville. Elle sourit, soulagée. Julie et Stéphane remercient la psychologue pour son aide précieuse. Ils ont enfin une piste.

17

— Tu as le bonjour d'Agathe.

— Merci d'avoir passé le message ! Julie et Baptiste sont assis autour d'une petite table ronde, dans un café sombre, sur de vieux fauteuils Voltaire au tissu élimé. Une fois mis de côté l'aspect poussiéreux des fauteuils, ils se révèlent plutôt confortables. Baptiste a pris soin de s'habiller de manière plus conventionnelle. Il porte une chemise et un pantalon noirs. Seule fantaisie, ses longs cheveux sont retenus à l'arrière par un catogan. Noir également.

— Elle était contente d'avoir de tes nouvelles.

— Vraiment ?

Baptiste paraît flatté.

— Elle ne m'a pas oublié depuis tout ce temps ?

— Non. Tu sais, nous avons toutes les deux été surprises par ta « disparition »…

— Ma disparition ?

— L'année où tu devais entrer en première scientifique au lycée Baudelaire, tu t'es mystérieusement volatilisé...

— Mes parents n'ont pas prévenu le lycée ?

Julie secoue la tête.

— Au fond, ça ne m'étonne pas. C'est bien leur genre...

Il hausse les épaules. Julie poursuit :

— Le directeur a essayé de les appeler sans succès. Il a fallu plusieurs semaines pour avoir des nouvelles. Et encore ! Nous avons juste appris que tu avais déménagé.

— Je suis désolé. Vous avez dû vous inquiéter. Ce n'est pas correct.

Julie ne répond pas. Baptiste continue :

— J'aurais dû le faire moi-même.

— Baptiste, tu avais quinze ans. C'est vrai que nous aurions aimé un petit mot de ta part. Mais c'était à tes parents de prévenir officiellement l'établissement.

Baptiste est ennuyé.

— Tu sais, Julie, c'était une période compliquée...

— Pourquoi compliquée ?

Baptiste hésite avant de poursuivre. Il n'a pas envie de parler de ce moment de sa vie. Mais il sait qu'il doit des explications à Julie. Au fond, il s'y attendait un peu en acceptant de la revoir.

— Mes parents ne se sont jamais entendus. C'était le bordel à la maison. Ils se disputaient tout le temps. J'ai vite compris qu'ils étaient trop occupés avec leurs histoires pour faire attention à moi. Depuis que j'ai cinq ans, j'ai appris à me débrouiller... Je ne leur ai jamais posé de problème. Je pense qu'ils se sont habitués à ce que je me gère tout seul.

Julie comprend mieux pourquoi c'était toujours Baptiste qui appelait le lycée et rendait les documents administratifs.

Elle se disait à l'époque qu'il était très autonome comparé à la plupart des adolescents de son âge. Elle ne s'était pas doutée qu'il était en réalité livré à lui-même. Baptiste était discret sur sa vie familiale.

— Un jour pas fait comme un autre, ils se sont disputés de manière encore plus violente que d'habitude. Ma mère avait découvert qu'il avait une liaison avec sa secrétaire. Mon père est parti. On était au mois de mai. Ma mère a attendu. Il était déjà parti auparavant. Il finissait par revenir au bout de quelques jours. Mais début juillet, elle a reçu une lettre d'un avocat. Cette fois, mon père demandait le divorce.

Baptiste marque une pause.

— C'était terrible pour ma mère. D'abord parce que malgré tout ce que mon père a pu lui faire vivre, elle l'aimait toujours. Ensuite parce qu'elle était au chômage. Elle avait perdu son emploi deux ans auparavant suite à la faillite de l'entreprise où elle travaillait. Elle arrivait en fin de droits et elle n'avait toujours pas retrouvé de travail. À quarante-huit ans. Ma mère n'avait pas de diplômes. Elle avait appris sur le tas et fait toute sa carrière dans la même boîte. Elle savait que ses chances de retrouver une place étaient très faibles.

Il soupire.

— Le loyer était devenu trop cher. Nous avons déménagé pour un appartement plus petit dans l'Oise. C'était plus abordable. Voilà pourquoi vous ne m'avez pas revu au lycée à la rentrée.

— Je suis désolée pour tes parents. J'imagine que ça n'a pas dû être facile.

— Ma mère a fait une dépression. J'ai essayé de la soutenir comme j'ai pu.

En mettant en avant le vécu de sa mère, Julie a le sentiment que Baptiste masque sa propre souffrance.

— Et toi ?

— Je me suis inscrit en CAP pour devenir métallier-serrurier.

Ce n'était pas la réponse que Julie attendait, mais puisqu'il abordait le sujet des études… Elle fait l'imbécile, comme elle sait si bien le faire pour aborder un sujet délicat sans avoir l'air d'en mesurer les enjeux.

— Mais je ne comprends pas. Tu étais inscrit en première scientifique au lycée Baudelaire.

Baptiste la voit venir à trois kilomètres. Autant jouer cartes sur table. Il n'y échappera pas.

— C'est vrai. J'avais demandé à aller en première scientifique.

Il se donne du courage pour continuer.

— Je voulais faire des études de physique-chimie. À la fac. Pourquoi pas en prépa… si j'en avais été capable. Oui, je sais.

Il soupire de nouveau.

— J'en aurais eu pour au moins cinq ans. Minimum. Sept en comptant le lycée. Ma mère n'aurait jamais pu me payer ces études-là.

Julie n'en croit pas ses oreilles. Baptiste avait renoncé à ce qu'il souhaitait pour des raisons financières.

— Mais le lycée n'est pas payant. Et ensuite, tu aurais pu demander une bourse d'études…

— Non !

— Comment ça, non ?

— Tu ne comprends pas. Ma mère avait besoin que je l'aide. Je devais être autonome, rapidement. Gagner de l'argent.

Julie est abasourdie.

— Et ton père ?

— Mon père ?

Baptiste hausse les épaules.

— Il n'a jamais payé la pension alimentaire. Ma mère n'avait pas le courage – ni l'argent – de se lancer dans des procédures interminables. De toute façon, il se fout pas mal de ce que je fais, mon père. Ça fait cinq ans que je ne l'ai pas vu.

Julie est à bout d'arguments. Voilà à quoi s'est joué l'avenir professionnel de Baptiste.

— Et pourquoi as-tu choisi la métallerie ?

— C'est une filière courte, qui embauche pas mal. On manque de métalliers-serruriers. J'étais sûr de trouver du travail à la sortie du CAP. Et puis, je me disais que travailler le métal, c'était aussi transformer la matière. Ce n'était pas si éloigné de la chimie…

Baptiste soupire une fois de plus.

— Et ça te plaît ?

Il prend le temps de réfléchir.

— Honnêtement ?

Julie acquiesce.

— Pas vraiment. Ce n'était pas désagréable au début. Mais j'ai vite vu les limites du job. C'est un métier dur, physiquement. Je me suis abîmé les mains et les poumons, à souder des morceaux de métal dans une ambiance de fournaise. Et puis j'ai du mal à m'intégrer dans le milieu. J'espère que je ne vais pas te paraître snob. La plupart du temps, je ne les trouve pas très futés, les gars. Même lourds pour certains, si tu vois ce que je veux dire. J'ai eu quelques mauvaises expériences dans des entreprises, avec des chefs bornés. J'en avais marre d'obéir à des imbéciles… Tu sais, moi et l'autorité !

Julie sait. Baptiste peut se montrer très impertinent quand il ne reconnaît pas la légitimité de la personne qui le commande. C'était déjà le cas au lycée.

— Je n'avais pas envie de revivre ça, alors j'ai choisi la liberté. Je préfère bosser en intérim. Comme ça, je ne vois pas la gueule du chef trop longtemps. Je me casse juste avant de péter un plomb ! Ça se passe bien. C'est mieux pour tout le monde.

Il sourit. Julie reconnaît sa façon provocante de dire les choses. Elle ne s'en formalise pas : elle a conscience de la souffrance qui se cache derrière. Elle admire plutôt son courage.

— Ça ne doit pas être facile de te lever tous les jours pour faire quelque chose que tu n'aimes pas.

— En effet. Des fois, j'ai du mal à me motiver. Mais y a pas le choix. Il faut bien payer les factures !

— Quand même…

— J'ai appris à trouver du plaisir ailleurs. Dans mes loisirs. L'avantage de se lever tôt, c'est qu'on finit tôt. J'ai du temps libre l'après-midi, les week-ends, entre les missions…

— Et qu'est-ce que tu fais à côté ?

Baptiste prend un air amusé, puis mystérieux.

— Tu veux vraiment savoir ?

Julie hausse les épaules.

— Bon, d'accord ! Je vais te le dire. J'écris des chroniques sur un site dédié à la fantasy et, disons, aux univers fantastiques.

— Des chroniques ?

— Je lis les livres qui sortent et je publie des critiques. À titre bénévole, évidemment.

— C'est sympa !

— Ça me plaît, en tout cas.

Baptiste hésite avant de poursuivre. Il se décide à se lancer :

— Hmm… J'écris aussi.

Elle doute d'avoir bien entendu. Le café est bruyant et Baptiste a parlé bas.

— Tu quoi ?

— J'écris.

— Tu écris ?

Baptiste est embarrassé.

— Oui. Des nouvelles fantastiques… Des romans aussi.

— C'est super ! Et tu les as…

— Ah non ! Je n'ai pas essayé de les faire publier. Ce n'est pas de la grande littérature, tu sais ! Je le fais parce que j'aime écrire. Je fais ça depuis longtemps. J'écrivais déjà quand j'étais enfant. Il paraît que j'ai toujours eu beaucoup d'imagination…

Julie est contente pour lui. Étonnée, aussi. Ces révélations font écho à sa propre enfance. Les mots sortent spontanément, sans qu'elle puisse les retenir.

— C'est marrant que tu écrives… Je veux dire, c'est marrant parce que moi aussi j'écrivais quand j'étais petite.

Baptiste est surpris et ravi.

— Ah bon ? C'est super ! Et tu écrivais quoi ?

— Des romans historiques.

Il est même enchanté.

— Quelle période ?

— Moyen Âge et Renaissance essentiellement. Le personnage principal s'appelait Ariane. Elle avait de longs cheveux roux et… un sacré caractère.

Julie se reprend :

— Mais c'était avant. Je n'écris plus depuis le lycée.

La déception se lit dans le regard de Baptiste.

— Ah bon ? C'est dommage. Pourquoi as-tu arrêté d'écrire ?

Julie ne se sent pas prête à parler de cette histoire à Baptiste, aujourd'hui, dans ce café. Elle n'est pas sûre d'être prête à en parler tout court.

— Je ne sais pas. J'ai juste arrêté.

18

Baptiste avait donné à Julie l'adresse du site où il publiait des chroniques. Il l'avait fait comme on envoie une bouteille à la mer. Sans en attendre grand-chose, tout en en espérant secrètement beaucoup. Elle a accueilli cette proposition de partage avec un intérêt sincère. Elle n'a pas tardé à consulter le site. Timidement d'abord, comme on entre dans un endroit inconnu dont on ignore les règles tacites. Puis elle a parcouru les articles. Ceux de Baptiste, mais aussi ceux d'autres chroniqueurs. Elle se familiarise peu à peu avec le vocabulaire, apprécie la sensibilité des lecteurs, la justesse des analyses littéraires. Le genre est loin de lui être inconnu. Il fait écho à d'anciennes amours, dont le courant de la vie l'a peu à peu éloignée. Julie se met à poster des commentaires, elle aussi. Baptiste répond.

L'espace du site devient rapidement trop étroit pour ce qu'ils ont à partager. Ils se mettent à échanger des mails. D'abord de temps en temps. Puis de manière régulière. Ils parlent de littérature fantastique et d'écriture... de philosophie un peu. Sans y prendre garde, ils ont fini par parler d'eux-mêmes. Ils ont échangé des ressemblances, et des dissonances aussi. Ils composent ensemble une étonnante musique. Julie a le sentiment de pénétrer dans un univers étrangement familier. Un monde dans lequel elle n'est pas venue depuis longtemps, et qui la raccorde à un intense sentiment de vie.

Des liens nouveaux se tissent petit à petit entre eux. Apparus de manière insidieuse à la faveur des multiples résonances intérieures, ils deviennent de plus en plus solides. Ils ne pèsent plus leurs mots, ils n'ont plus peur du regard de l'autre. Une estime et une confiance réciproques ont patiemment grandi dans la fluidité de leurs échanges.

Un soir, Baptiste lui envoie un mail un peu différent des autres. Un mail avec une anxiété contenue que Julie ne lui a encore jamais lue :

Salut Julie,

J'espère que tu vas bien.

J'ai beaucoup aimé le commentaire que tu as posté sur mon dernier article. Je l'ai trouvé très juste. Tu as vraiment beaucoup de sensibilité littéraire.

À ce sujet, j'aurais aimé te demander un service. À titre personnel.

Voilà, je t'explique. Tu sais que j'écris des romans de fantasy. Celui que j'écris en ce moment est presque terminé. En fait, il faut encore que je le relise, que je corrige quelques fautes… Ce n'est jamais parfait. Enfin, tu connais ça !

Le roman se passe dans un univers med-fan. Le personnage principal est un peu magicien sur les bords… Je ne t'en dis pas plus, mais je pense que ça peut te plaire.

Surtout, j'aurais beaucoup aimé avoir ton avis. Bien sûr, je comprendrais que tu ne veuilles pas ou que tu n'aies pas le temps.

Qu'est-ce que tu en penses ? Tu es partante ?

Julie sourit devant son ordinateur. On ne confie pas un roman à la légère. Julie sait tout ce que cela représente. Baptiste lui offre le privilège d'entrer dans son monde intérieur. Elle répond immédiatement :

Coucou Baptiste,

Je suis touchée par ta confiance. Évidemment que j'accepte ! Je lirai ton roman avec plaisir !

De longues minutes plus tard – le temps de quelques hésitations fébriles pour Baptiste – le mail arrive, avec une pièce jointe.

Voilà le roman ! Je te le confie…

N'hésite pas à me dire ce que tu en penses. J'ai hâte d'avoir ton avis.

Avec émotion et recueillement, Julie clique sur l'onglet de téléchargement et ouvre le fichier « Chroniques des Neuf Duchés ».

19

Julie se demande si elle a été raisonnable en acceptant cette invitation dans un lieu qui lui paraît pour le moins original. Il faut dire que Baptiste a attisé sa curiosité. Et puis, elle a toujours aimé l'histoire et l'imaginaire. Alors elle s'est laissé tenter.

Stéphane l'avait regardée avec incrédulité quand elle lui avait annoncé. Quoi ? Des caves voûtées parisiennes ? Éclairées à la bougie ? Elle voulait visiter les catacombes ? Ah, non, ce n'était pas ça. Pas une soirée gothique non plus, il ne fallait pas exagérer. Et on devait y aller… en costume médiéval ?! Renaissance, aussi, c'était accepté… C'était quoi ce truc ? Une soirée déguisée ? Ils avaient quel âge déjà les participants ? Des adultes. D'accord. Alors, c'était une boîte de nuit médiévale. Très bien. On nageait en plein délire… Est-ce que Julie était sûre que tous ces gens étaient équilibrés ? Parce que bon, il commençait à s'inquiéter pour elle. Bien sûr qu'il lui faisait confiance.

Mais elle pouvait se mettre à sa place. Tout cela était quand même *bizarre.*

Peut-être un petit peu, Julie en convenait. Alors elle avait consulté le site internet de l'Auberge, ce lieu insolite où Baptiste souhaitait l'emmener. Elle avait lu à Stéphane la présentation du lieu, montré les photos, la carte « des mets et breuvages ». Ce n'était pas si terrifiant, à vrai dire. Elles étaient même jolies, ces caves voûtées du dix-septième siècle, éclairées à la lueur chaleureuse et intimiste des bougies de cire. Et la carte était aussi intrigante qu'appétissante. Julie y reconnaissait des termes culinaires qu'elle avait rencontrés dans ses livres d'histoire médiévale. Stéphane était un peu rassuré. Elle prendrait des photos, si cela pouvait lui faire plaisir.

C'est comme cela qu'elle s'est retrouvée à attendre dans une ruelle sombre de Paris, devant un porche fermé par une très vieille et très haute porte de bois cloutée. Une ouverture aux dimensions nettement plus modestes a été taillée dans l'immense panneau de bois. Elle s'ouvre à intervalles réguliers, laissant entrer des personnes de tout âge. Certaines sont enveloppées de longues capes ou de chaperons qui ne permettent pas de douter de leur destination. Pour d'autres, on ne le devine qu'à la faveur d'un anachronisme : des chaussures médiévales en cuir dénotant avec un blouson moderne, les plis d'une robe longue traînant sur le pavé et dépassant d'un manteau de ville. De temps à autre, un passant incrédule se faufile entre les groupes d'inconnus costumés comme entre les gouttes d'une averse. Sans doute un habitant de l'immeuble, pressé de rentrer chez lui et de ne plus en sortir, jusqu'à ce que cet étrange défilé s'estompe dans la nuit et que l'espace-temps retrouve ses propriétés habituelles.

Julie observe les allées et venues avec un mélange de curiosité et de bienveillance, quand une silhouette familière se dessine à l'entrée de la ruelle. Une imposante montagne noire s'avance tranquillement dans la nuit, suivie par les mouvements amples d'une cape de laine. À mesure qu'elle se rapproche, Julie peut distinguer un visage entouré de longs cheveux noirs, qui retombent sur la cape tout aussi noire, donnant cette impression d'unité sombre et mouvante. La silhouette noire s'arrête à quelques mètres et la salue d'une courte révérence.

— Dame Julie.

L'expression désuète donne le ton. Julie prend un air entendu, incline légèrement la tête et répond :

— Seigneur Baptiste.

Le colosse se redresse et la rejoint prestement. De la cape de laine noire dépassent des bottes de cuir, noires également. Il ne porte pas de couvre-chef. Julie, quant à elle, est venue comme elle était. À côté de la tenue de Baptiste, l'imperméable gris qui retombe sur son jean lui paraît d'une terne banalité. Il la regarde de la tête aux pieds et soupire. Puis une étincelle apparaît dans son regard.

— On va arranger ça. Suis-moi…

Ils passent la petite porte de bois qui se referme en grinçant, s'engouffrent dans l'ombre du porche et débouchent sur une cour intérieure mal éclairée couverte de pavés irréguliers. De l'autre côté de la cour, un filet de lumière orangée se détache du mur de pierre sombre. S'en échappe la rumeur de conversations lointaines, enveloppée d'une musique aussi insolite qu'entraînante. Ils traversent la cour, guidés par le trait de lumière. Baptiste glisse sa main dans l'embrasure d'une lourde porte en métal, qui ressemble à s'y méprendre à une vieille porte de cave. Il la fait pivoter sur ses gonds. La rumeur des conversations se fait soudain plus proche, la musique plus envoûtante. Baptiste invite Julie à entrer devant lui. Elle s'avance dans une pièce étroite pavée de larges dalles de pierre patinées par le temps. Surplombant un coffre de bois de dimensions respectables, pend au mur une grande tapisserie, sans doute de confection récente. Julie la regarde. Ses motifs évoquent la légende arthurienne. Des bribes de poésies et de chansons de geste remontent à la surface des eaux. Elle se laisse entraîner sur la lande de Cornouaille, dans les méandres brumeux qui mènent à l'île d'Avalon.

La voix de Baptiste, surgissant du fond de la salle, la rappelle au présent.

— Salut, Marco !

Julie tourne la tête et se dirige vers la voix. Baptiste s'est avancé dans la salle jusqu'à un large comptoir de bois, derrière lequel un petit gars costaud d'une quarantaine d'années, pourvu d'une chevelure et d'une barbe brunes bouclées et bien fournies, aiguise patiemment un couteau au manche de corne sculptée. Le présumé Marco répond sans lever les yeux de son travail.

— Salut, Bérold ! Comment va ?

— Bien. Et toi ?

— On fait aller…

La pierre avec laquelle il aiguise la lame de son couteau lui échappe. Il jure d'une voix caverneuse. Puis il dit tout en se baissant pour ramasser la coupable :

— C'est bon. Tu peux descendre.

Baptiste s'accoude au comptoir.

— Cette fois, j'amène du monde.

Marco se redresse et pose enfin les yeux sur Baptiste et sa suite. Il dévisage Julie de la tête aux pieds.

— Je vois…

Il semble subitement reprendre le sens des politesses et articule d'un ton bourru :

— Bonjour, m'dame. Vous pouvez pas entrer comme ça, oh ça non ! Mais vous faites pas d'bile, la maison a ce qu'il faut.

Il se retourne et se met à tonner en direction de l'arrière-salle :

— William ! Un civil !

Il se reprend en baissant le ton, tout en se tournant vers Julie :

— Enfin, une dame en tenue… contemporaine.

La tenture à côté du comptoir s'écarte pour laisser place à un grand jeune homme d'une trentaine d'années, fin et élancé, vêtu de chausses moulantes et d'un pourpoint Renaissance ajusté. Ils se saluent. Puis il adresse à Julie un large sourire, fait la révérence et dit avec obséquiosité :

— Je vous souhaite le bonjour, madame ! Bienvenue à l'Auberge ! Suivez-moi !

Julie rend à William son salut et le suit dans l'arrière-boutique. Elle pénètre dans une pièce bien plus spacieuse que la précédente. Elle serait bien en peine d'apprécier l'aspect des murs : ils sont couverts de hautes penderies et d'étagères, elles-mêmes remplies de costumes colorés, de chapeaux et d'accessoires divers, si bien qu'on ne distingue pas le moindre carré de pierre ou de plâtre. Seul le sol est visible, fait de la même pierre grise et irrégulière que l'entrée. William s'approche de Julie.

— Vous permettez ?

Il soulève délicatement l'un de ses bras et lui fait signe de faire de même de l'autre côté. Julie s'exécute. Il prend du recul et apprécie la taille, tandis que Julie reste immobile, les bras écartés du corps. Son examen terminé, il se dirige avec détermination vers la penderie de gauche, passe quelques costumes en revue, et se résout à sortir une longue robe d'un vert forêt. Il la tend à Julie.

— Je pense que celle-là devrait convenir. Vous pouvez la passer.

Julie se dirige vers l'unique cabine d'essayage de la pièce, délimitée par des rideaux de velours cramoisi suspendus à une tringle de métal doré. William paraît se souvenir de quelque chose d'important. Il file vers l'une des penderies et lui tend une deuxième robe, blanche et plus simple.

— J'allais oublier votre chainse.

— Ma chainse ?

— Votre robe de dessous. Vous ne pouvez tout de même pas sortir toute nue sous cette cotte verte, ce serait indécent… Au Moyen Âge, elle correspondait peu ou prou aux sous-vêtements modernes. Plus elle était blanche, plus elle témoignait de la propreté et de l'aisance de la dame qui la portait.

Julie veut être sûre d'avoir bien compris.

— Je mets les deux ?

— Oui, les deux. La blanche en dessous, la verte au-dessus.

Elle entre dans la cabine et se change. Puis elle en ressort avec plus de difficulté qu'elle n'y est entrée, les mouvements gênés par l'ampleur du tissu. William la dévisage avec un air amusé.

— Venez là, vous êtes toute chiffonnée ! J'imagine que vous ne portez pas souvent ce genre de costume…

— Pas vraiment, admet Julie.

Il ajuste la superposition des robes au niveau des épaules et discipline le tombé des pans de tissu jusqu'au sol. Il recule pour admirer son œuvre. Il manque encore quelque chose.

— Vous permettez ?

Julie hoche la tête. Il détache délicatement la pince à l'arrière de sa tête et laisse ses cheveux se déployer sur son cou et ses épaules. Puis il commente avec satisfaction :

— Aujourd'hui, vous êtes dispensée de coiffe. C'est jour de fête !

Il lui montre un grand miroir de plain-pied posé d'un côté de la pièce. Julie s'y dirige. Elle est surprise par l'aisance de ses mouvements et par la légèreté du tissu, malgré la superposition des robes et l'ampleur de la cotte. Elle s'arrête devant le miroir et observe le résultat. Le tissu de lin vert est tissé très fin, lui donnant un aspect presque brillant. La coupe de la robe est impeccable, mettant en valeur sa silhouette avec élégance et simplicité. William a l'œil… Tout en s'observant dans le miroir, elle note l'accord subtil entre le vert profond de la cotte, la couleur de ses cheveux et de ses yeux. Elle n'avait jamais remarqué les notes cuivrées qui animent ça et là sa chevelure brune, et qui ressortent à la faveur de sa tenue et de la lumière. Une autre image, plus intime et plus ancienne, se superpose l'espace d'un instant à son reflet sur la surface lisse du miroir. Une jeune fille rousse aux mêmes yeux noisette la regarde d'un air énigmatique. La robe lui va à ravir, comme si elle l'avait toujours portée. Julie sent l'émotion monter. Ses yeux se mettent à piquer tandis qu'un sourire nostalgique s'épanouit sur ses lèvres.

— Ça va, madame ?

— Oui. C'est parfait.

Baptiste ne peut retenir une exclamation de surprise lorsqu'il découvre Julie ainsi costumée. Les associations semblent se bousculer dans sa tête, mais il dit simplement :

— Le treizième siècle te va bien.

Marco hoche la tête comme pour appuyer le constat de Baptiste. C'est un beau compliment de médiéviste. Julie tente de l'apprécier à sa juste valeur.

— Merci !

Elle règle la location du costume et suit Baptiste. Ils se dirigent vers un escalier de pierre sombre qui s'enfonce dans les entrailles du vieil immeuble.

Julie prend conscience des contraintes de la tenue féminine au Moyen Âge. Affronter les différents moments de la vie quotidienne devait nécessiter un certain entraînement. Descendre un escalier sans balayer les marches de ses jupes, par exemple, représente déjà une épreuve dont elle ne s'est pas trop mal sortie. *Tu fais de l'archéologie expérimentale* ! se dit-elle amusée. À cette curiosité toute scientifique s'ajoute l'émerveillement suscité par une brusque plongée dans l'imaginaire collectif.

Ils avancent l'un derrière l'autre, dans un couloir humide au plafond bas. Tout autour d'eux s'étendent de grosses pierres irrégulières d'un beige foncé, mouchetées de taches brunâtres, d'éclats et d'aspérités qui témoignent de leurs aventures passées, elles-mêmes lissées par le temps. Les rumeurs de conversations vont croissant, la musique semble de plus en plus proche. Julie s'attend à déboucher sur une scène de banquet gargantuesque. Mais le couloir aboutit à un dégagement, où les murs s'écartent un peu, laissant à Julie et Baptiste la place de se tenir côte à côte. À leur gauche apparaît une petite salle éclairée par de grandes bougies de cire jaune, posées çà et là dans des alcôves aménagées dans l'épais mur de pierre. Un candélabre se dresse au bord d'une table de bois sombre, autour de laquelle deux hommes sont assis. Le premier arbore une longue tunique en laine fine au col souligné de galons du haut Moyen Âge. Il doit avoir entre quarante et cinquante ans. Le deuxième, bien plus jeune, porte une tunique de lin clair de style viking. Tous deux fixent avec intensité un plateau de jeu dessiné sur un carré de cuir, sur lequel sont disposées des pièces de bois taillé. Julie et Baptiste les observent quelques instants. Le plus jeune lève le nez du plateau de jeu, reconnaît Baptiste et le salue avec chaleur :

— Bérold ! Tu tombes bien ! Je déclare forfait. Si tu veux reprendre la partie, je te la laisse !

Il lui fait signe de venir s'installer autour de la table.

— Salut, Kalad ! Merci pour la proposition, mais je vais devoir la décliner, malgré tout le plaisir que j'ai à jouer au Hnefatafl.

Kalad prend un air déçu. Il semble se résigner et sourit. Puis il regarde de nouveau les pièces posées sur le carré de cuir. Entre-temps, le joueur plus âgé a émergé de ses calculs tactiques. Il salue Baptiste à son tour.

— Le bonjour, mon cher Bérold. Je suis content de te voir. Tu me dois toujours une revanche aux échecs, jeune homme. Mais je doute que je l'obtienne aujourd'hui…

— Je sais, Gerbert. Je n'avais pas oublié. La revanche devra attendre la semaine prochaine.

Gerbert adresse à Julie un sourire aimable.

— Je comprends. Bonjour, madame. Aurai-je le plaisir de connaître votre nom ?

— Bonjour. Je m'appelle Julie.

Le joueur la regarde avec étonnement. Il semble un peu décontenancé.

— Julie ?

Elle ne voit pas tellement ce qu'il y a de surprenant. Son prénom est très classique – il lui arrive même de le trouver banal. Elle allait répondre quand Baptiste intervient :

— C'est une amie à qui je voulais faire découvrir l'Auberge. Elle ne fait pas partie du milieu.

Le visage de Gerbert s'éclaire devant cette explication bien légitime.

— Je comprends mieux. Alors, je vous souhaite une bonne découverte, dame Julie.

— Merci !

Tandis que Gerbert plonge de nouveau dans la partie de Hnefatafl, Baptiste et Julie continuent leur chemin le long du couloir, qui a à présent les dimensions d'une antichambre. Des rires s'échappent d'une nouvelle salle sur la gauche, nettement plus grande que la première. Elle est éclairée à la lueur des bougies, comme la précédente, et a été meublée d'une grande et large table de bois, flanquée de longs bancs assortis. Un groupe de six personnes d'âges divers semble particulièrement s'amuser. Julie ne reconnaît pas l'époque précise de leurs costumes, qui empruntent ça et là des inspirations à certaines périodes, tout en y mêlant des anachronismes et des éléments fantastiques. L'un d'eux a une robe de sorcier en velours bleu nuit parsemée de petites étoiles argentées. Un autre porte une armure de métal étincelant, sur laquelle une belle cape de laine noire retombe avec fierté. Une jolie jeune femme arbore une robe blanche à manches évasées ainsi qu'une cape de coton vert clair agrémentée de broderies dorées. Julie croit bien lui avoir vu des oreilles pointues. Une autre porte des vêtements arabisants, faits de tissus amples et de voiles, assortis d'un sabre à la ceinture. Deux barbares, un homme et une femme, vêtus de cuir et de peaux de bêtes, viennent compléter ce tableau incongru. Sur la table s'étalent des feuilles griffonnées, des crayons et des dés de formes inhabituelles, qui pour certains doivent comporter plus de dix faces. Une carte géographique détaille les côtes et les reliefs d'un continent inconnu. La joyeuse compagnie suspend sa quête lorsqu'ils voient Baptiste apparaître dans l'arche d'entrée. Ils l'accueillent avec des exclamations ravies. Baptiste répond par un salut collectif. Le magicien prend la parole :

— Bérold ! Quelle bonne surprise ! On a commencé la partie, mais tu peux encore nous rejoindre. Je dois bien avoir une fiche en rab', à moins que tu préfères jouer avec ton perso habituel. Ils ne sont pas encore sortis de l'auberge…

À ces mots, la tablée se met à rire. Bérold explique à Julie :

— C'est une blague de rôlistes. Beaucoup de jeux de rôle commencent dans une auberge. On est censés y rencontrer nos compagnons de route, y recueillir des informations et ensuite en sortir pour vivre une aventure. Mais il arrive que le passage à l'auberge s'éternise un peu… Le maître du jeu est souvent optimiste quant à la capacité des joueurs à finir rapidement une partie…

Voilà donc à quoi s'adonne cette étrange troupe hétéroclite : un jeu de rôle ! Bien sûr, Julie aurait dû y penser. À plusieurs reprises, elle a vu des adolescents du lycée faire des parties. Mais ils n'étaient évidemment pas costumés. Elle est soulagée de pouvoir se raccrocher à un élément connu. Baptiste répond au magicien :

— Merci, Cornélius. Mais je ne joue pas aujourd'hui. J'accompagne Julie.

— Je peux en trouver pour deux, si ça te tente, Julie.

Le nommé Cornélius l'a tutoyée d'emblée, avec une simplicité et une gentillesse déconcertantes. L'accueil est chaleureux, mais Julie n'est pas prête à se lancer dans une partie de jeux de rôle. Elle ne sait pas trop comment décliner sans froisser cette généreuse compagnie. Baptiste vient à son secours.

— C'est gentil, mais Julie n'a jamais fait de jeux de rôle. Peut-être une autre fois…

Cornélius n'est absolument pas vexé. Il ne semble pas s'encombrer de ce genre de considérations sociales inutiles.

— Alors, amusez-vous bien ! Bérold, on attend avec impatience ton *Traité de Chronomancie.* Je suis sûr qu'il est de taille à révolutionner la pratique de la magie temporelle.

Cornélius lui fait un clin d'œil amusé. L'elfe renchérit :

— Et une nouvelle date pour les Neuf Duchés, monsieur le Maître du Jeu !

Les autres acquiescent avec enthousiasme.

— J'ai compris ! Je vous envoie ça rapidement.

De bruyantes acclamations accueillent la nouvelle. Baptiste tente de le masquer, mais il est touché par leur confiance. Il les salue rapidement et poursuit en entraînant Julie.

— Tu écris un autre roman ?

Baptiste est embarrassé par toute cette attention.

— Non, non. C'est un traité de magie que mon personnage a écrit, et qui sera utile pour les règles de magie temporelle du jeu de rôle.

— Les règles du jeu de rôle ?

— J'ai développé un jeu de rôle inspiré de l'univers du roman. Nous avons fait une première partie il y a quelques semaines. Apparemment, ça leur a plu… Mais il faut que je revoie certaines règles de magie. Et notamment que je développe l'usage de la magie du Temps, la voie magique de Bérold.

Julie va de découverte en découverte. Baptiste est surprenant. Il ne s'est pas contenté d'écrire quelques nouvelles et un roman. Il a inventé tout un monde, avec son histoire et ses lois propres. Et de cet univers, il a conçu un système de jeu. Il est décidément plein de créativité.

Elle n'a pas le temps de s'étonner davantage. Ils viennent de pénétrer dans une vaste salle voûtée éclairée à la lumière chaude des bougies de cire. Une bonne dizaine de tablées de bois sont dressées çà et là, autour desquelles des individus aux costumes hétéroclites boivent et bavardent joyeusement. L'espace d'un instant, Julie se dit qu'elle a été transportée dans l'auberge du jeu de rôle précédent. Et si elle avait accepté la partie à son insu ?

Baptiste se dirige vers le fond de la grande pièce. Un large comptoir de bois délimite l'espace qui sépare la salle de l'empire des cuisines, sur lequel règne une large matrone à la voix forte et aux yeux rieurs. Elle salue Baptiste d'un rire sonore.

— Salut, Bérold ! Un claret, comme d'habitude. Et pour vous, ma mignonne ?

Julie sourit. La familiarité est un trait commun à bien des habitués du lieu.

— Je ne sais pas trop. Qu'est-ce que vous avez ?

— Hypocras, claret, hydromel, cidre, moretum, vin d'framboise, vin d'sauge, vin d'rose, jus d'pomme.

L'aubergiste avait énuméré à une vitesse militaire les différentes boissons. Julie a beau avoir fait des études d'histoire, certains noms gardent leur mystère. Elle se risque à demander des précisions :

— Qu'est-ce qu'un claret ?

— Un vin macéré aux épices et au miel, comme l'hypocras. Mais avec une base de vin blanc.

— D'accord. Et le moretum ?

— Base de vin rouge, macéré aux mûres et au miel. Même principe que le vin d'framboise ou le vin d'rose.

— Alors le moretum me tente bien !

La matrone hoche la tête.

— Un moretum et un claret !

Elle tend deux gobelets de terre cuite remplis de breuvage odorant à Baptiste et Julie, qui se dirigent vers une table libre, située dans un recoin de la grande salle. Assise sur un banc de bois, les mains sur le récipient de terre cuite, Julie prend le temps de sentir le parfum de vin et de mûre qui se dégage du liquide sombre. Puis elle se risque à goûter. Elle ne reconnaît pas les saveurs auxquelles elle est habituée. Aucune sensation de tanin, d'acidité ou d'amertume ne rencontre son palais. Une puissante saveur de mûre couvre le goût de l'alcool et fait ressortir l'aspect fruité du vin, ponctué des notes suaves d'un miel au caractère bien trempé. Elle ferme les yeux et voyage dans les sous-bois généreux d'une forêt ancienne. Quand elle les rouvre, Baptiste la regarde.

— Le moretum te plaît ?

— J'aime beaucoup. Tout comme le lieu, d'ailleurs. Ces caves sont très belles. Je comprends pourquoi il faut venir costumé. Je pense qu'on ne vivrait pas l'expérience de la même manière. Le costume permet de participer pleinement.

Baptiste est soulagé. Emmener quelqu'un à l'Auberge est un pari risqué. Nombreux sont ceux qui s'enfuiraient en courant dès le vestibule. Il faut pouvoir supporter une expérience immersive et inhabituelle. C'est un défi relevé pour Julie. À vrai dire, elle n'a pas le sentiment de fournir un effort exceptionnel. Elle a plutôt l'impression de puiser dans une région très profonde et très ancienne, qui n'aspire qu'à resurgir. L'Auberge suscite en elle une sensation d'étrange familiarité.

— Pourquoi est-ce qu'ils ne t'appellent pas par ton prénom ?

Baptiste sourit.

— Dans le milieu, nous avons tous un pseudo. Le mien, c'est Bérold. Certains ne savent même pas que je m'appelle Baptiste.

— C'est pour cela que ton ami Gerbert a tiqué quand je lui ai dit que je m'appelais Julie ?

Il a un petit rire.

— Oui ! Choisir Julie comme pseudo est improbable chez les médiévistes, comme chez les rôlistes. Pas assez dépaysant ! Ne le prends pas mal.

— Je comprends mieux.

Elle rit avec lui. Puis une nouvelle interrogation surgit.

— Comment choisissez-vous vos pseudonymes ?

— Oh, c'est une vaste question. Il y a différentes manières…

Il prend un temps pour mettre en forme le nuage d'idées né du problème formulé par Julie. Il poursuit son explication :

— Certains choisissent un pseudo parce qu'il renvoie à un personnage de film ou de roman qui les a marqués.

— Ils se sont identifiés au personnage ?

— Oui, si tu préfères. D'autres choisissent des noms de figures historiques qui correspondent à leur profil ou à leurs centres d'intérêt. C'est souvent le cas des reconstituteurs.

— Les reconstituteurs ?

— Ceux qui font de la reconstitution historique. Gerbert, par exemple, est le prénom d'un mathématicien du Moyen Âge.

— D'accord. Je me disais aussi que c'était un peu inhabituel…

Baptiste approuve de la tête.

— Souvent, il n'y a pas besoin de chercher longtemps un pseudo. Il apparaît évident, comme s'il avait toujours été là. Comme un nom secret. Un nom que nous avons choisi pour désigner cette part intime de nous-même. La partie cachée qui ne s'exprime pas – ou peu – dans le monde réel.

Les paroles de Baptiste provoquent de nombreux échos. Julie pense aux romans de son enfance et de son adolescence.

Elle pense à Ariane. Elle tente de discipliner l'émotion qu'elle sent poindre doucement.

— Tu n'as pas l'impression d'être un peu… schizophrène ?

Baptiste la regarde et se met à rire.

— Schizophrène ? Rien que ça ?

Il rit de nouveau. Puis il reprend sur un ton plus sérieux.

— Merci de t'inquiéter pour moi. Je fais parfaitement la différence entre la réalité et l'imaginaire. Simplement, la vie que je mène tous les jours dans cette société ne me permet pas d'exprimer pleinement ma personnalité. J'ai besoin de plus d'espace pour me sentir à l'aise. Mon imagination débordante a soif d'autres univers !

Julie n'avait jamais vu les choses sous cet angle. C'est le besoin de liberté qui pousse la créativité de Baptiste vers d'autres lieux d'expression. Une part de Julie commence à respirer.

— Je te rejoins sur ce point. Le monde qui nous entoure est parfois si étroit…

Baptiste l'examine avec attention. Elle porte cette robe verte du treizième siècle avec autant de prestance et de naturel qu'un habitué de l'Auberge. Son affinité avec l'imaginaire est évidente. Il s'autorise à formuler ce qu'il a en tête depuis un moment.

— Je ne sais pas pourquoi tu as arrêté d'écrire, Julie. Tout ce que je sais, c'est que je serais très malheureux si j'étais privé d'écriture. J'aurais l'impression de vivre à côté de moi-même.

Julie accuse le coup. En plus d'être créatif, Baptiste est perspicace. Mais pas vraiment diplomate. Il est allé droit au but. Elle tente de maîtriser les secousses intérieures tandis qu'elle sent ses yeux s'embuer.

— C'est compliqué. J'ai… besoin de temps, réussit-elle à répondre.

À la réaction de Julie, Baptiste prend la mesure de l'importance de ce qu'il vient de dire.

— Oui, je comprends. Je suis désolé si j'ai été maladroit.

Julie secoue la tête. Elle reprend peu à peu le contrôle.

— Non, tu n'as pas à t'excuser. C'est un sujet délicat, et je ne suis pas sûre de tout comprendre. Mais il faut que j'avance. Au fond, je le sais. Je te remercie d'oser aborder le sujet. Je ne peux pas en parler avec beaucoup de monde. C'est bien que ce soit possible avec toi.

Elle réussit à sourire, ce qui rassure Baptiste. En réalité, elle n'en a encore parlé à personne. À personne depuis le lycée. Elle n'est pas habituée à ce qu'on porte un regard positif sur l'écriture. Baptiste, lui, ne s'est pas posé la question : il assume d'écrire comme il respire. Il est comme ça. C'est à prendre ou à laisser. Bien sûr, il n'était pas populaire au lycée. Mais il a trouvé des personnes qui l'apprécient pour ce qu'il est, même s'il a dû les chercher en dehors des lieux habituels.

— Les gens ont l'air de beaucoup t'apprécier.

Baptiste sourit.

— Certains sont devenus des amis. Ici, je me sens chez moi. Ça change du boulot !

— J'imagine.

Ils restent pensifs un instant. Julie réfléchit à la façon dont chacun tolère la différence, à la difficulté de trouver des personnes semblables à soi. Sans s'en rendre compte, elle se met à dériver sur le sujet du haut potentiel. Elle songe à l'intérêt précoce de Baptiste pour la philosophie. Sa créativité a-t-elle un lien avec ses performances au lycée ?

Soudain, Baptiste la tire de ses pensées. Réagissant à un changement de musique, il vient de lui saisir la main et l'entraîne vers l'autre extrémité de la pièce.

— Une schiarazula !

— Une quoi ?

— Une schiarazula marazula. C'est une danse.

— Mais je ne sais pas la danser !

— Elle est très facile à apprendre, tu vas voir !

Sans pouvoir protester, Julie se retrouve dans une salle où une trentaine de personnes se hâte de prendre place sur deux lignes de danse face à face. Au fond de la salle, des musiciens aux costumes historiques colorés amorcent une mélodie entraînante. Baptiste lui fait signe de se placer en face de lui. Au centre de la pièce, entre les lignes de danse, une femme se met à annoncer les pas, tandis que les danseurs exécutent les mouvements. Julie se trompe quelques fois, mais à son grand étonnement, elle réussit à suivre. Laissant ses soucis au présent, Julie se sent emportée dans la ronde costumée, au temps de la fête médiévale.

Cette nuit-là, elle fait des rêves saturés de couleurs où des robes de lin tournoient au son de la vielle à roue.

ARIANE

20

Un sentiment de liberté habite Julie depuis son escapade à l'Auberge, comme si les mouvements intérieurs qui sont à l'œuvre avaient brusquement dégagé de nouveaux horizons. Elle a retrouvé sa joie de vivre habituelle. Elle semble aussi plus forte qu'avant. Mais loin de rassurer Stéphane, cette rapide évolution de comportement a au contraire achevé de nourrir ses doutes. Julie le trouve plus ombrageux depuis quelques jours. Il est souvent absorbé dans ses pensées. Elle le sent s'éloigner petit à petit, pour sombrer dans une rumination silencieuse.

Un soir, Julie décide d'aborder le sujet. Le sujet de l'inquiétude de Stéphane. Et ce qu'elle découvre la surprend beaucoup. Son mari s'inquiète de sa relation avec Baptiste. Il ne comprend pas pourquoi elle ressent le besoin de correspondre avec lui par mail aussi régulièrement, pourquoi elle délaisse sa famille pour sortir avec lui à Paris. Il a même fini par s'interroger sur sa fidélité. Julie n'a pu réprimer un sourire, qu'elle a aussitôt masqué. Bien sûr, elle est à mille lieues de penser à tromper son mari avec Baptiste. Mais vu de l'extérieur, elle reconnaît que son comportement peut prêter à confusion. Ou du moins, à inquiétude. Julie et Baptiste ont beaucoup à s'apporter et à partager. Mais comment l'expliquer à Stéphane sans qu'il se méprenne ?

Julie perçoit également qu'il est injuste de tenir son mari à distance de ce qu'elle vit intérieurement. Après tout, il a toujours été présent pour elle. Il l'a soutenue quand elle en a eu besoin. Leur couple est souvent cité en modèle de stabilité dans leur entourage. Elle doit au moins essayer. Elle lui doit bien ça.

Elle se jette donc à l'eau.

Elle lui explique que Baptiste était un élève prometteur qui n'avait pas eu les moyens de suivre le cursus qu'il voulait faire. Qu'il avait été très tôt projeté dans un monde d'adultes, avec des préoccupations qui n'auraient pas dû être celles d'un adolescent de quinze ans. Que ses parents ne l'avaient pas soutenu comme ils auraient dû. Elle prenait conscience que les aptitudes ne suffisaient pas à elles seules : elles devaient rencontrer un environnement qui permette leur épanouissement. Baptiste, lui, n'avait pas bénéficié de cette conjonction favorable. Julie se rend compte qu'elle a envie de l'aider. Elle ne sait pas encore comment.

C'est Stéphane qui fait le lien qu'elle n'ose pas formuler :
— Tu penses que Baptiste est surdoué, comme toi ? C'est pour ça que tu te sens concernée par ce qui lui arrive ?

Julie réfléchit.

— C'est vrai qu'il ressemble beaucoup au portrait des surdoués que j'ai lu dans les livres !

Elle se met à énumérer :

— Il est intelligent, créatif. Il est curieux. Il aimait la philo en seconde, et il était plus mâture que les adolescents de son âge. Avec sa personnalité originale et son caractère affirmé, ça ne passe pas inaperçu ! Si Baptiste n'est pas surdoué, je ne sais pas trop qui peut l'être…

— Ah, tu vois !

Julie fronce les sourcils. Elle vient de mettre le doigt sur quelque chose d'important.

— Il n'y a pas que ça. Bien sûr, le haut potentiel peut expliquer nos affinités. Mais il y a autre chose. Tu vois, je ne m'inquiète pas seulement pour lui. Je crois que notre relation est réciproque. C'est comme s'il avait le pouvoir de m'aider, lui aussi…

Stéphane la regarde d'un air étonné.

— T'aider ? Un ancien élève du lycée ?

Face à l'incrédulité de Stéphane, Julie se résout à évoquer des sujets plus intimes. Elle parle, avec difficulté, de son enfance et de son adolescence. Elle évoque la solitude et le sentiment de décalage. L'ennui, le besoin d'évasion et de rêverie. L'écriture. Stéphane découvre une femme qu'il ne connaissait pas. Pourtant, il ne paraît pas surpris. Comme s'il s'était toujours douté de l'effort qu'elle faisait pour masquer son monde intérieur.

— Pourquoi ne m'as-tu jamais parlé de cela ?

Julie est gênée.

— Je crois que j'ai eu peur que tu me juges. Que tu me trouves bizarre, toi aussi. Que tu te dises que, finalement, tu n'avais pas envie d'une femme comme moi.

Il a l'air désolé. Elle lui rend un regard triste. Il la prend dans ses bras.

— Enfin, Julie ! Je trouve ça très bien, moi, que tu écrives. Je t'aurais même encouragée à le faire, si tu en avais eu besoin. Je suis ton mari. Je t'aime. Tu le sais, ça ?

Elle ne répond pas et se serre fort contre lui.

— Ce qui me fait mal, c'est que tu ne m'aies pas fait confiance.

Elle se dégage et murmure douloureusement :

— Il n'y a pas que ça, Stéphane.

Alors Julie est courageuse. Pour la première fois, elle se dévoile et parle de la terminale. De la philosophie, des romans historiques. Et elle parle des autres. De ce qu'ils lui ont fait, de son acte de désespoir. De ses résolutions pour se protéger. Pour que, plus jamais, elle n'ait à revivre la même chose. Sans s'en rendre compte, Julie pleure.

Stéphane la prend dans ses bras de nouveau. Il sait à présent pourquoi elle s'est cachée de tout le monde – même de lui. Il comprend mieux la tempête intérieure qu'elle affronte depuis la découverte du haut potentiel. Elle se retrouve enfin face à elle-même, sans échappatoire possible. De cette rencontre décisive peuvent naître bien des changements.

21

Quand Julie ouvre les yeux le lendemain matin, une phrase résonne puissamment dans son esprit. Elle s'est imposée d'elle-même, comme une évidence. Malgré les efforts que Julie peut faire pour porter son attention sur les tâches concrètes et inévitables de la matinée, la phrase occupe tout l'espace. Elle se répète, inlassablement.

Nous sommes des passeurs.

Bien sûr. Agathe a raison. Tout cela lui semble limpide. Julie a, elle aussi, quelque chose à transmettre. Quelque chose de très important. Quelque chose qui peut peut-être changer la vie de Baptiste.

Elle tente d'endiguer les mots qui affluent dans son esprit. Elle n'a pas le loisir d'y penser pour le moment. Lucas rechigne à s'habiller, comme d'habitude. Il fait ce qu'il peut pour retarder l'arrivée à l'école. Noé, profitant de la diversion de son frère, a abandonné sa brosse à dents et s'apprête à renverser une boîte de jeu de construction sur le tapis. Stéphane vient tout juste de débarrasser la table du petit déjeuner. Ils ne sont pas trop de deux pour discipliner les troupes et accomplir l'exploit qui consiste à déposer tout le monde à l'heure chaque matin.

Julie franchit le portail du lycée Baudelaire avec l'impression d'avoir couru un marathon. Comme d'habitude, elle entame sa *deuxième* journée. Et comme d'habitude, elle accueille seule les élèves, referme seule la grille. La cour est déserte quand Mathieu pointe le bout de son nez au bureau de la vie scolaire, armé de son audace coutumière. Julie le regarde sans rien dire. Mathieu a beau avoir plus de trente ans, il a toujours ce même air de post-adolescent paumé et vaguement irresponsable. Il était déjà surveillant quand elle est arrivée. Il est peut-être même plus âgé qu'elle… À sa connaissance, Mathieu n'a pas construit de couple ni de famille, à part une bande de potes avec lesquels il sort régulièrement, et qui vivent la même vie que lui. Il y a bien eu cette fille, un moment. Mais elle est partie aussi vite qu'elle était arrivée. *C'est tout de même triste de ne pas réussir à grandir*, se dit Julie. Elle ne ressent plus de colère.

Avant que Mathieu ait pu sortir son paquet de tabac, elle annonce avec assurance :

— Cela tombe bien que tu sois là. J'ai quelque chose à faire. Je te laisse le bureau.

— Ah bon, mais t'en as pour combien de temps ?

— Je ne sais pas. Un bon moment je crois.

Mathieu la regarde d'un air surpris. Il est un peu désarçonné.

— Fallait pas qu'on s'occupe des absences ?

— C'est possible.

Il a un petit rire nerveux.

— Ah non ! Tu me fais pas ce coup-là ! J'sais jamais quoi leur dire, moi, aux parents.

— Eh bien, il va falloir trouver…

— Non, mais ça va pas être possible. Tu peux pas me lâcher.

Mathieu a parlé plus fermement cette fois-ci. Julie reste calme, mais monte d'un ton.

— Quand tu arrives en retard, je te couvre, non ? Et quand tu as la flemme de bosser ? Qui est-ce qui s'y colle ? Et quand tu refuses d'appeler les familles ?

Mathieu baisse la tête.

— Ça va, ça va. J'ai compris.

— Je crois que tu es mal placé pour me faire la leçon.

— T'énerve pas…

Il paraît à présent plus inquiet que contrarié. Il se gratte la tête, puis il a un soupir de découragement.

— Mais toi, ils t'écoutent ! Je sais pas comment tu fais pour trouver les mots…

Il marque une pause, puis la regarde avec désespoir.

— J'y arrive pas… Je sais pas faire ça.

Julie prend un ton rassurant :

— Je suis sûre que tu t'en sortiras très bien.

Mathieu n'a pas l'air convaincu. L'idée d'affronter seul les parents au téléphone ne le rassure pas du tout. Il préfère éviter les tâches relationnelles délicates. Julie le regarde avec insistance, les bras croisés. Il finit par céder.

— Bon. Fais ton truc…

Il se dirige vers l'armoire et sort l'un des classeurs.

— Je vais gérer.

Julie le regarde s'affairer dans le bureau. Elle a un petit sourire, prend son sac et se dirige vers la sortie. Elle se retourne avant de franchir la porte.

— Merci !

Mathieu hoche la tête. Il lui répond par un signe qui doit à peu près vouloir dire : « Vas-y ! Prends ton temps. Je veille. »

Julie s'arrête un instant devant la boutique. Elle est nichée au rez-de-chaussée d'une maison de ville, coincée entre deux vieux immeubles de trois étages. Elle pousse la porte vitrée qui grince en se refermant derrière elle. La petite librairie de centre-ville est presque déserte à cette heure de la journée, baignant dans un silence contemplatif. Seule une vieille dame apprêtée regarde le rayon « Voyages » à l'entrée. La pièce, étroite et tout en longueur, s'étale jusqu'à un vieux comptoir de bois. Les murs sont couverts d'étagères remplies de livres, donnant l'impression de traverser la pièce entre deux rangées d'une bibliothèque. Julie s'avance jusqu'au comptoir, où une femme d'une quarantaine d'années l'accueille avec un sourire aimable. Elle l'observe discrètement. La libraire est de taille moyenne et a de longs cheveux châtains. Son visage ne porte pas de maquillage. Les couleurs de ses vêtements sont harmonieuses, bien que l'ensemble soit d'une grande simplicité. Il se dégage de sa personne une impression de sincérité et d'ouverture. Julie répond à son sourire.

— Bonjour.

— Bonjour ! Que puis-je faire pour vous ?

— Je souhaiterais commander un livre.

La libraire s'installe devant son ordinateur.

— Je vous écoute.

Tandis que Julie donne les références de l'ouvrage, la libraire cesse de pianoter sur les touches de son clavier et lève les yeux.

— Celui-là je dois l'avoir en magasin. Vous avez regardé au rayon « Psychologie » ?

Julie est étonnée. C'est un livre peu connu sur le haut potentiel intellectuel. Il ne bénéficie pas de la même couverture médiatique que les deux premiers qu'elle a lus. Elle a fini par le dénicher à force de faire des recherches. Il lui a semblé plus juste, en accord avec la manière dont elle considère intuitivement le sujet. Plus optimiste surtout. Elle ne s'attendait pas à le trouver dans une petite librairie autonome. Elle n'a même pas cherché à savoir s'il existait un rayon « Psychologie ».

— Je vous avoue que je n'ai pas regardé.

La libraire a une expression compréhensive. Elle fait le tour du comptoir et l'entraîne jusqu'au rayon concerné. Il n'est pas très grand, mais garni de titres choisis. Avec assurance, elle sort un ouvrage à la couverture sobre que Julie reconnaît immédiatement.

— C'est celui-ci ?

Elle n'en revient pas.

— Oui… c'est bien celui-là.

La libraire emporte le livre jusqu'au comptoir.

— C'est pour vous ou c'est un cadeau ?

— C'est un cadeau.

Julie hésite un instant. Puis elle précise :

— Je le connais déjà.

La commerçante acquiesce en guise d'approbation. Tandis qu'elle recouvre le livre d'un papier aux motifs élégants, elle ne peut s'empêcher de demander :

— Comment l'avez-vous trouvé ?

Julie rougit.

— Très bien. Il s'appuie sur des études scientifiques. C'est rassurant, parce qu'on trouve beaucoup d'affirmations contradictoires sur le sujet. Il permet aussi de dédramatiser et de trouver des pistes concrètes.

— Je vous rejoins sur ce point. Je l'ai beaucoup aimé. Pour sa rigueur, mais aussi pour sa clarté et son bon sens !

— C'est vrai. Certains trouvent le moyen de compliquer ce qui pourrait être expliqué simplement.

— Tout à fait ! Le paquet vous convient ?

— Oui. Il est joli ! Je vous remercie.

Tandis que Julie règle son achat, elle réfléchit. La libraire s'intéresse au sujet du haut potentiel intellectuel et semble bien connaître les publications disponibles. Julie sait, pour avoir parcouru les sites d'associations et les blogs, que l'écrasante majorité des personnes qui s'intéressent au haut potentiel ont des enfants surdoués, ou sont elles-mêmes surdouées. Quand ce n'est pas les deux à la fois. Elle pose un regard différent sur les rayons de livres soigneusement sélectionnés et disposés avec amour. Elle se dit qu'elle gagnera, à l'avenir, à faire un tour dans la boutique de temps en temps.

La libraire lui tend le paquet avec un sourire de connivence.

— À bientôt…

— À bientôt, répond Julie.

Ces quelques mots prononcés ont une résonance particulière. Ils ouvrent sur d'autres possibles. *Qui sait ?*

Elle sort de la librairie et regarde le ciel. Il fait beau. Elle n'a pas envie de rentrer au lycée tout de suite. Pas encore. Elle se met à marcher au hasard dans les rues, accueillant tout ce qui peut s'offrir à sa sensibilité. Les variations de la lumière, les déclinaisons de couleurs, la litanie âpre et irrégulière des sons de la ville. Tout en parcourant les ruelles et les parcs, elle songe aux rencontres que permet le haut potentiel. Ce qui a été naguère une source de décalage et d'isolement devient un élément de partage. Une marque d'appartenance, reconnue tacitement à la tournure d'une phrase et à l'éclat d'un regard, dès lors qu'ils deviennent les indices d'une compréhension profonde. Julie sourit. Une petite voix caustique vient de lui murmurer à l'oreille : *Tu vois des surdoués partout* ! Peut-être bien, se dit-elle. Mais c'est si précieux de trouver des semblables.

Quand elle reparaît au bureau de la vie scolaire, il est presque midi. Mathieu est assis au milieu des classeurs ouverts et des papiers déposés pêle-mêle. Il a l'air fatigué, mais satisfait.

— Salut !

— Re !

— Je te remercie d'avoir pris la relève.

Mathieu hoche la tête, ce qui doit vouloir dire : « Je t'en prie. C'est normal. »

— Alors, comment ça s'est passé ?

Il répond avec fierté :

— C'est bon ! J'ai passé tous les appels. J'suis pas mécontent, ça s'est pas trop mal passé.

— Je n'en attendais pas moins de toi, rétorque Julie avec humour.

— J'ai même pris un peu d'avance sur le taf de l'aprem.

Julie a bien entendu. Mathieu a pris des initiatives. Il s'est attelé seul à un travail qu'on ne lui a pas demandé de faire explicitement trois fois. Elle songe à s'absenter plus souvent du bureau, histoire de lui permettre de progresser davantage sur le chemin de l'autonomie…

— C'est super !

— Je me suis dit que ça t'aiderait.

Julie a un petit sourire. Elle commence à comprendre ce qui s'est passé dans la tête de Mathieu.

— C'est gentil. Oui, ça m'aide beaucoup.

Un silence s'installe. Mathieu se risque à le rompre. C'est un exercice dans lequel il n'est pas très à l'aise.

— Tu sais, j'ai réfléchi pendant que tu étais sortie…

— Et tu as réfléchi à quoi ?

— Ben, c'est vrai que tu bosses beaucoup au lycée. Tu bosses plus que moi. Des fois, j'en profite. Je me dis que c'est pas très cool… Tu as le droit de me trouver nul.

— Je ne te trouve pas nul. Mais tu ne te rends pas compte que j'ai beaucoup de contraintes. Et que je suis très fatiguée. Ce n'est pas parce que je ne me plains pas que je n'ai pas besoin d'aide.

— Je suis désolé.

Mathieu se tait de nouveau. Puis il reprend :

— Je vais essayer de t'aider.

— Merci.

— Mais je veux te demander un truc en échange.

— Oui ?

— Je veux que tu me dises quand t'en as marre. Quand ça va pas.

Julie sourit. Mathieu a raison : elle a des difficultés à s'affirmer. Elle prend conscience qu'elle doit lui dire clairement les choses. Elle ne peut pas attendre de lui qu'il les devine.

— Je vais essayer.

Le visage de Mathieu se détend. Il pose sa main sur l'épaule de Julie.

— C'est cool !

Ce geste de trêve inaugure le retour à des relations cordiales. Julie l'accepte de bon cœur.

— Va prendre ta pause-déjeuner ! Tu l'as bien méritée…

— C'est clair !

Mathieu lui fait un clin d'œil, ramasse son briquet et s'éclipse aussitôt. Julie le regarde s'éloigner depuis la fenêtre. Travailler avec lui n'est pas toujours facile, mais il a un bon fond. Elle va se risquer à le secouer davantage. Finalement, il se révèle capable de plus de souplesse qu'elle n'aurait cru.

Julie remet en ordre le bureau pendant que son esprit vagabonde. Elle pense à Chloé. Le proviseur a contacté ses parents, et Chloé leur a confié ce qu'elle vivait depuis des mois. Devant la nature des propos tenus sur internet, ils ont porté plainte. Ils ont également alerté les parents des enfants responsables des insultes et des menaces. Certains ont immédiatement repris leur enfant, d'autres se sont montrés hermétiques à toute discussion et ont défendu leur progéniture. *Comment les jeunes peuvent-ils se construire si les adultes qui s'occupent d'eux ne respectent ni la loi ni les autres ?* pense Julie. Heureusement, ces parents-là ne sont pas les plus nombreux. Grace au dépôt de plainte et à la vigilance des professeurs, les élèves de la classe de Chloé ont pris conscience de la gravité de ce qui s'était passé. Peu à peu, ils ont pris leurs distances vis-à-vis des harceleurs. Les parents de Chloé l'ont emmenée voir un psychologue. La jeune fille est encore fragile. Mais elle semble aller mieux, et parvient à revenir en cours. Chloé passe régulièrement la voir au bureau de la vie scolaire.

Julie entend frapper doucement à la porte. Elle lève le nez de son ouvrage et découvre Agathe derrière la porte entrouverte. Elle lui fait signe d'entrer.

— Bonjour, Agathe !

— Bonjour, Julie. Je ne te dérange pas ?

— Non. J'ai de l'avance aujourd'hui. Et j'ai toujours un moment pour toi…

— Tu es adorable ! Je viens prendre des nouvelles. De toi, de Lucas…

— C'est gentil. Lucas ne va pas très bien. C'est toujours compliqué à l'école. Nous avons mis les points sur les i, disons, un peu vigoureusement, il y a quelques semaines. Ils ne nous ont pas vraiment laissé le choix.

— Oui, tu m'avais expliqué. Et alors ? Comment ont-ils réagi ?

— Ils se sont tenus tranquilles pendant un moment. Je ne crois pas qu'ils aient compris quoi que ce soit. Juste qu'on ne les laisserait pas faire ce qu'ils voulaient. Ils ont eu un peu peur, je pense. Mais avec eux, ça ne dure jamais très longtemps…

Julie soupire.

— Qu'est-ce que tu veux dire ?

— Elles recommencent. Hier, la maîtresse m'a prise à part à la sortie de l'école pour évoquer ses « doutes sur la capacité de Lucas à suivre une scolarité normale »… En CP, tu imagines ?

Agathe a un mouvement de surprise.

— Mais c'est absurde…

— Selon elle, il « manque de maturité »…

La professeure de philosophie est indignée.

— N'importe quoi ! Elle emploie des termes qu'elle ne comprend même pas ! Comme si la maturité se résumait à obéir au doigt et à l'œil à n'importe qui…

— Oui, elle a une conception très personnelle de la maturité… On peut la résumer comme ça : selon elle, est immature tout élève qui a un comportement différent de ses exigences. Et elles sont particulièrement rigides et étroites, ses exigences. Alors, désolée pour elle, mais mes gamins ne sont pas de bons petits soldats. Ils ont une cervelle, et ils s'en servent !

— Ils ont bien raison !

— Lucas a vite vu à qui il avait affaire. C'est bien là tout le problème…

Agathe hausse les épaules.

— Le raisonnement causal, même précoce, ne peut pas non plus produire de miracles. Il n'a pas encore l'âge où il peut mesurer tous les enjeux liés au pouvoir des enseignants… surtout lorsque ce pouvoir est mal utilisé.

— Hélas, répond Julie en regardant Agathe avec découragement.

Un court silence s'installe.

— Tu penses que l'école irait vraiment jusqu'à l'orienter vers l'enseignement spécialisé ? Lucas n'a pas de difficultés dans les apprentissages. Il n'a pas de handicap. Comment pourraient-ils le motiver ?

— Je n'en sais rien. Tout ce que je sais, c'est qu'ils sont très inventifs quand il s'agit de nous mettre des bâtons dans les roues…

— C'est le moins qu'on puisse dire. Qu'allez-vous faire ?

— Ce que nous aurions dû faire depuis longtemps.

L'air résolu de Julie intrigue Agathe.

— C'est-à-dire ?

— Avec Stéphane, nous avons décidé de changer Lucas d'école. Nous allons demander une dérogation pour qu'il puisse être scolarisé dans l'autre école de la ville. Nous en avons entendu de bons échos. Ils sont plus « modernes ». Apparemment, c'est une équipe éducative dynamique qui porte des projets pédagogiques innovants.

— Et si la dérogation n'est pas accordée ?

— En nous mettant en contact avec l'association de parents d'élèves, nous avons découvert que Lucas n'était pas le seul à avoir été pris en grippe par la maîtresse. Le fait que l'école s'acharne sur certains enfants semble être un problème récurrent. La ville aurait tendance à accorder plus facilement des dérogations dans ce type de situations. J'imagine que c'est leur façon de pallier à ce qui se passe, et de protéger les gamins. En revanche, si la dérogation n'est pas acceptée, nous n'aurons pas d'autre choix que de l'inscrire dans une école privée…

— J'espère que vous l'obtiendrez.

— Je l'espère aussi.

Agathe attend avant de poursuivre :

— Et toi, comment vas-tu ?

— Moi ?

Julie prend un instant de réflexion.

— Je vais mieux. Oui. Je vais mieux. Je suis inquiète pour Lucas, bien sûr. Mais le fait d'avoir pris cette décision m'a soulagée. Je me sens aussi plus tranquille intérieurement… Je crois que j'ai décidé de m'accepter comme je suis. De m'autoriser à être moi-même. On verra bien…

La professeure de philosophie lui sourit.

— Je suis contente que tu te sentes plus apaisée. L'exploration intérieure est un voyage formidable. On y apprend beaucoup sur soi, mais pas uniquement. On en apprend aussi sur le monde et sur les autres.

— Je crois qu'elle a le pouvoir d'ouvrir de nombreuses portes. Je ne sais pas encore combien. Mais je commence à en entrevoir certaines.

Un silence complice s'installe entre elles. Julie aime ces moments emplis de compréhension réciproque, où les mots se sont épuisés pour laisser place à une expérience intime de communion silencieuse.

Le cours des pensées de Julie ressemble aux innombrables fils d'un immense métier à tisser. Il arrive que la navette continue à travailler toute seule, à son propre rythme, tandis que Julie s'affaire ailleurs, composant des motifs spontanés. Ils brillent de l'éclat des trouvailles. Leur découverte plonge Julie dans un état de joie et d'excitation silencieuses.

Un fil de pensée se manifeste parmi les nombreuses lignes au travail.

— J'ai décidé de parler à Baptiste du DAEU.

La professeure de philosophie sort de sa rêverie.

— Tu t'es résolue à agir ? Ma parole, tu prends des risques !

Julie acquiesce et sourit.

— Et ce n'est pas le seul risque que je vais prendre.
Agathe regarde son amie avec étonnement.
— Laisse-moi deviner…

22

Julie a décidé de franchir une étape supplémentaire dans la relation amicale qu'elle construit peu à peu avec Baptiste. Elle l'a invité chez elle. Elle a pris le risque de le faire entrer dans son univers quotidien et personnel. Baptiste a passé avec déférence la porte de cet espace consacré à sa vie familiale, comme un rituel initiatique qui lui permet d'accéder à un statut supérieur. Ils sont tous deux tranquillement installés sur la table de la salle à manger, et ils bavardent depuis un bon moment déjà. Ils ont l'impression d'être hors du temps, comme si une bulle les isolait du reste du monde. À leur insu, les minutes et les heures passent en réalité à toute vitesse.

— Le DAEU ?

— Le diplôme d'accès aux études universitaires. C'est un examen qui permet d'accéder à la fac.

— Mais je n'ai pas fait de première, ni de terminale.

— Tu n'as pas besoin d'avoir été jusqu'au bac pour t'inscrire. C'est un diplôme qui relève de la formation continue.

Pour les personnes qui ont entre vingt et vingt-quatre ans, il faut justifier d'un arrêt d'études d'un minimum de deux ans. Pour les personnes de plus de vingt-quatre ans – ce qui est ton cas – il n'y a pas de conditions particulières à remplir.

Baptiste fronce les sourcils. Ce ne peut pas être aussi simple.

— Mais j'ai besoin de travailler. Je ne peux pas m'arrêter comme ça.

— Ce sont des cours du soir. Le DAEU se prépare sur une durée qui peut aller de un à quatre ans. C'est compatible avec une activité professionnelle.

Il a du mal à y croire. Un élément lui échappe certainement.

— Les cours doivent être difficiles. Depuis le temps que je n'ai pas mis les pieds dans une salle de classe… Je vais être largué.

Julie regarde Baptiste avec un sourire amusé.

— Toi ? Largué ? Je crois que tu as largement les capacités de suivre des cours de préparation au DAEU !

— Tu crois ?

— Bien sûr ! Tu avais beaucoup de facilités en seconde.

— C'était en seconde. J'étais sur la lancée…

— Ton intelligence ne s'est pas volatilisée !

Baptiste marque une pause, et sa voix prend un accent nostalgique.

— Parfois, j'en doute.

Julie hausse les épaules. Les gens peuvent dire n'importe quoi quand ils n'ont pas confiance en eux. Elle tâchera de s'en souvenir la prochaine fois qu'elle sera tentée de se dévaloriser. Baptiste est intelligent : l'évidence saute aux yeux.

— Les cours reprendront les bases dans les quatre matières principales du DAEU. Quoi que tu aies loupé, tu auras une occasion de te rattraper.

Baptiste ne trouve plus d'objection, mais il reste dubitatif. Il n'a pas envie de croire trop vite à la possibilité de reprendre le chemin des études, si celui-ci doit s'évanouir subitement devant lui. Il a mis tant de temps à se faire une raison, à trouver un équilibre. Ce n'est pas le moment d'embrasser des chimères.

— Je te remercie pour l'information. Je vais me renseigner et y réfléchir sérieusement.

— Je t'en prie. Je serais contente de pouvoir t'aider.

Revenir sur ces questionnements n'est pas facile. Baptiste a enterré ses rêves d'adolescent depuis longtemps. Invoquer ses anciens désirs remet en cause toute l'image qu'il a construite de lui-même. Ramène sur le devant de la scène cet enfant avide de connaissance, qu'il a renoncé à nourrir et peu à peu isolé du reste de sa personnalité. Il craint les secousses intérieures que cette question a le pouvoir de générer. Il préfère détourner l'attention de lui-même et renvoyer la balle à Julie.

— Et toi ? Est-ce que tu *avances* ?

Julie ne tente pas d'esquiver le coup.

— Oui. Je crois. On peut dire que j'avance.

Baptiste la regarde avec intérêt, l'incitant à poursuivre.

— J'ai envie de renouer avec mon passé.

— Avec ton passé ?

— J'ai décidé de partir à la recherche de cette petite fille pleine d'imagination. Celle que j'ai abandonnée au moment où j'ai choisi de devenir comme les autres.

Le visage du jeune homme arbore une expression admirative.

— C'est une belle quête. Et où vas-tu la chercher, cette petite fille ?

— Là où j'ai grandi. Je vais passer quelques jours chez mes parents, en Touraine. J'ai besoin de trouver des réponses.

Il attend un moment. Puis il se risque à poursuivre son investigation :

— À quelles questions veux-tu répondre ?

Julie a un sourire un peu douloureux.

— Pourquoi ai-je arrêté d'écrire ?

Alors Baptiste comprend. Il murmure :

— Tu vas retrouver Ariane…

Julie acquiesce silencieusement. Baptiste perçoit son émotion. Lui aussi est très ému. Ils restent un moment à se regarder, abasourdis par le poids de ce qu'ils viennent de dire. Julie lutte pour discipliner l'intensité de ses mouvements intérieurs.

Baptiste semble soudain penser à quelque chose d'important. Il attrape son sac et en sort un paquet recouvert d'une feuille de parchemin enluminé. Il est entouré d'une ficelle et scellé par un cachet de cire écarlate. Le format rectangulaire évoque un livre. Il semble sorti des limbes du temps. Il tend le paquet à Julie avec autant d'embarras que de joie.

— C'est pour toi !

— C'est gentil. Merci !

Julie pose le paquet devant elle. Il est magnifique. À l'image des mondes imaginaires qu'ils partagent ensemble.

— Ne l'ouvre pas tout de suite. Je préfère que tu le gardes pour là-bas.

— Que de mystère ! Je vais tenter de résister.

Elle met soigneusement le paquet de côté sur une étagère, puis elle ouvre un tiroir et en sort un autre paquet. Tout aussi rectangulaire, il est couvert d'un papier décoré de motifs élégants.

— Moi aussi, j'ai quelque chose pour toi.

Baptiste ne cache pas sa surprise. Il n'a pas l'habitude qu'on pense à lui.

— Pour moi ?

— Tu peux l'ouvrir tout de suite, si tu veux.

Il hésite. Il finit par céder à la curiosité et ouvre délicatement le papier décoré. Il saisit le livre avec entrain et le retourne pour découvrir la couverture. La lecture du titre le plonge dans un état de sidération muette. Après un moment de stupeur, son regard se porte alternativement sur Julie, puis sur le livre. De nombreuses connexions se font à toute vitesse dans son esprit. Il découvre toute l'étendue de ce qu'ils ne se sont pas dit. Toutes les idées, les impressions qui dorment, tapies sous les mots qu'ils ont prononcés, et qui transitent pourtant à chacun de leurs échanges. Un vaste réseau de représentations tacites, d'interrogations partagées avant même d'être formulées. Le geste de Julie a tant d'implications. Elle répond à son air interrogateur par un petit sourire.

— Tu me diras ce que tu en penses. J'aimerais bien avoir ton avis.

Puis elle se souvient des mots qu'il a eus à l'Auberge :

— Moi non plus, je ne voudrais pas que tu vives *à côté de toi-même.* Dans ce monde, comme dans les autres…

Soudain, la porte cogne contre le mur. Lucas et Noé déboulent à toute allure dans le salon et fondent sur leur mère. Ils la couvrent de câlins, entrecoupés d'extraits de rapports détaillés sur le déroulement de leurs journées respectives. Julie essaie de raccrocher les bribes de discours pour les assembler en une suite cohérente, et de canaliser l'excitation des retrouvailles.

— Baptiste, je te présente Lucas et Noé.

— Bonjour, les enfants !

Les petits observent Baptiste avec intérêt, mais ils restent muets.

— C'est mon ami Baptiste.

Ils sourient timidement, ce qui est à peu près la seule marque d'accueil qu'un étranger peut espérer dans les quinze premières minutes suivant les présentations. Julie se tourne vers son mari, qui vient d'entrer dans le salon avec un air épuisé.

— Baptiste, je te présente Stéphane. Stéphane, Baptiste, dont je t'ai déjà parlé.

Ils se saluent tous deux. À la poignée de main chaleureuse de Baptiste, au regard franc qu'il lui adresse, le mari de Julie comprend immédiatement qu'il n'a rien à craindre.

23

Julie est installée sur la banquette rigide du compartiment et regarde distraitement le paysage défiler à travers la vitre. Le train avance à toute allure dans la vallée, alternant entre les champs et les espaces boisés. Quelques hameaux interrompent à intervalles réguliers le spectacle de la nature. Bercée par le rythme du paysage, Julie réfléchit au chemin qui l'a amenée à monter dans cette rame, en direction de la capitale de Touraine.

Elle pense aux relations qu'elle a avec ses parents. À l'impossibilité de leur parler de ce qu'elle vit intérieurement, comme si elle obéissait à une injonction tacite qui lui ordonne de ne rien laisser paraître. Est-ce elle qui n'a pas osé se dévoiler, par peur d'être considérée comme anormale ? Ou s'est-elle conformée au désir de ses parents, à ce commandement inconscient qui lui ordonne de renoncer à toute plainte, de rester la plus rassurante possible ? Julie oscille entre ces deux explications. Pour la première fois de sa vie, elle a décidé d'affronter l'inquiétude parentale, de lever les voiles qui planent encore sur son enfance.

Ses parents l'ont accueillie avec joie sur le quai de la gare, comme à leur habitude. Ils sont toujours très contents de voir leur fille. S'ils sont surpris qu'elle vienne passer quelques jours seule dans la maison familiale, ils tentent de ne pas le montrer. Dans la voiture qui les mène au village, ils prennent des nouvelles. Comment vont les enfants ? Et Stéphane, il n'est pas trop fatigué par son travail ? Le pauvre, aller à Paris tous les jours en transports en commun, avec le monde et les grèves, ce n'est quand même pas facile. Et puis, il a un bon poste, il travaille dans une grande entreprise. Il a du mérite. Julie a bien de la chance d'avoir un homme courageux à la maison !

Julie n'est pas depuis dix minutes dans cette voiture qu'elle commence à sentir poindre l'agacement. Comme si son travail à elle ne pouvait pas être fatigant et qu'elle le faisait par loisir, juste pour lutter contre la menace de l'oisiveté. Elle oublie régulièrement, avec la distance, les idées traditionnelles de ses parents où la place de l'homme est celle du *pater familias*. La tâche de la femme, quant à elle, consiste à s'occuper des enfants et de la maison, mais aussi à rendre la vie du patriarche plus confortable et plus plaisante. Curieusement, les évolutions sociales n'ont pas conduit à plus d'équilibre dans l'esprit de ses parents. La femme a bien accédé au travail – à la condition implicite que son statut professionnel ne fasse pas d'ombre à l'orgueil de monsieur, et que ses missions quotidiennes ne l'empêchent pas de se rendre disponible pour son homme, ses marmots et sa maison. Par quel extraordinaire retournement a-t-on abouti à charger un peu plus la barque des femmes, tout en leur refusant la considération sociale et intellectuelle qui en découle ? Julie l'ignore. La question de son bien-être se mesure pour ses parents au statut de son mari et à la composition de son foyer. Évidemment que Julie est heureuse. Elle a un mari travailleur qui lui a donné deux beaux enfants. Elle ne peut qu'aller bien. Julie écoute patiemment cet éloge bien attentionné. Elle n'a pas envie de se disputer maintenant. Elle a des choses bien plus délicates à aborder avec eux.

Elle franchit le seuil de la maison avec l'impression d'avoir avalé, comme Alice, un biscuit qui fait grandir. Julie attribue ces changements à son cheminement intérieur. Tout lui semble plus petit, plus bas, plus étroit. Une sensation immédiate d'étouffement l'envahit en entrant dans le salon, où elle s'attendait à revoir cette petite fille silencieuse, assise sagement sur le canapé de cuir. Elle évalue le poids des codes familiaux, perçoit les ornières à l'intérieur desquelles elle a dû lentement progresser. Un long frisson la parcourt. Pas encore. Ce n'est pas le moment. Elle attendra le soir, que tout le monde soit plus disponible. Elle affecte un air paisible et installe ses affaires.

À la nuit tombée, Julie parle de la décision qu'ils ont prise de changer Lucas d'école. Elle explique les difficultés qu'ils ont rencontrées avec la maîtresse, le chemin parcouru jusqu'au test d'intelligence et la découverte du haut potentiel de Lucas. Ses parents demandent ce que cela signifie. Lucas est surdoué. Surdoué ? Oui, il est en avance dans son développement intellectuel. Suite à cette découverte, Julie s'est posé beaucoup de questions sur sa propre enfance. Elle s'ennuyait beaucoup à l'école, elle aussi. Elle a décidé de passer un test, qui a révélé un haut potentiel dans le domaine des compétences verbales. Ses parents accusent le coup. Ils se regardent. Le père de Julie prend la parole :

— Tes professeurs nous ont plusieurs fois proposé que tu sautes une classe. Mais nous avons refusé. Nous ne voulions pas te perturber. Pour nous, tu étais très bien avec les enfants de ton âge.

Julie est abasourdie.

— Non, papa, je n'étais pas bien ! Je me sentais différente des autres. Et je ne comprenais pas pourquoi. Je me sentais aussi très seule. Je me serais peut-être construite autrement si j'avais su que j'étais surdouée. Je n'aurais pas autant douté de moi. J'aurais peut-être eu le courage de chercher des personnes qui me ressemblent.

La mère de Julie est très touchée par ces révélations. Elle intervient :

— Ma chérie, écoute-moi. Quand j'étais enfant, moi aussi j'apprenais plus vite que les autres. Je n'ai fait que deux ans de maternelle, et on m'a fait sauter une classe en primaire. Mes parents étaient très fiers, évidemment. Mais personne ne m'a demandé mon avis. Je n'ai pas bien vécu ce saut de classe. J'étais timide, je n'avais pas beaucoup d'amies. Les élèves de la classe supérieure m'ont mise à l'écart. Ils se moquaient souvent de moi, de ma petite taille. Je ne voulais pas que tu vives la même chose. C'est pour cela que nous nous sommes opposés au saut de classe. Nous voulions te protéger. Et puis tu étais une petite fille bien intégrée. Tu n'avais pas besoin de ça.

La mère de Julie se reprend :

— Enfin, c'est ce que nous pensions.

Julie mesure le poids des non-dits. Elle comprend mieux pourquoi elle ne s'est jamais autorisée à se dévoiler. Parler de son vécu aurait renvoyé sa mère à sa propre différence, et elle n'était pas prête à y faire face. Les mots jaillissent spontanément sans qu'elle puisse les retenir :

— Maman, je n'étais pas comme toi. Cela ne se serait pas passé de la même manière.

La mère de Julie garde le silence quelques instants. Le sujet semble très douloureux pour elle.

— Ma chérie, réussit-elle à prononcer… Je crois que je m'en rends compte aujourd'hui.

Le père de Julie vient en aide à sa femme :

— À quoi bon remuer le passé ? Tu vois bien que c'est difficile pour ta mère. Oui, nous ne sommes pas parfaits. Mais nous avons fait de notre mieux.

— Je sais, papa.

Cela ne sert à rien de continuer, constate Julie. Ses parents ne sont pas prêts à remettre en cause la manière dont ils l'ont élevée. Ils ont besoin de temps, sans doute. Elle les embrasse et les réconforte d'un mot tendre. C'est encore à elle de les protéger. De composer. Mais à présent, elle comprend mieux pourquoi. Un silence triste s'abat sur la maison. Chacun regagne sa chambre en proie aux interrogations et aux regrets.

Seule dans l'espace intime de son enfance, Julie reste songeuse. Elle se dirige vers son secrétaire de bois, celui que ses grands-parents lui ont offert quand elle est rentrée à l'école primaire. Il était trop grand pour elle à l'époque, et elle préférait s'installer sur un petit bureau à sa taille. Mais c'était un cadeau symbolique qui marquait l'entrée dans la grande aventure des apprentissages. Julie avait fini par l'utiliser pour ranger ses affaires personnelles, tous ses petits trésors. Adulte, le secrétaire était devenu une pièce de mobilier parmi d'autres, et Julie passait à côté sans y faire attention. Mais ce soir, le regard qu'elle porte sur lui est différent. Elle passe sa main sur le bois ciré, patiné par le temps. Pour la première fois depuis de nombreuses années, Julie fait tourner la clé dans la serrure et déplie la tablette qui forme un pupitre. À l'intérieur du secrétaire sont nichés plusieurs compartiments, ainsi qu'un tiroir central qui peut aisément contenir des lettres ou un carnet d'écriture. Le cœur de Julie se met à battre plus fort. Elle ouvre doucement le petit tiroir, qui émet un léger grincement en frottant contre le cadre de bois. À l'intérieur, Julie ne trouve qu'un peu de poussière. L'espace d'un instant, elle a cru qu'ils seraient là. Bien sûr, ils ne pouvaient plus y être.

24

Lorsque Julie ouvre les yeux le lendemain, le lever du jour semble avoir dissipé la colère et la tristesse. Elle se sent différente, comme suspendue hors du temps. Elle est étrangement sereine. Elle ouvre les rideaux et laisse la lumière envahir la chambre. Elle sourit face au soleil matinal, prend le temps d'apprécier l'éclat du petit jour sur les arbres du jardin.

Le bruit incongru de la messagerie vient rompre sa rêverie. Elle s'éloigne de la fenêtre pour prendre son sac resté au pied du lit. Elle en sort son téléphone et ouvre l'application. C'est un mail de Baptiste. Il n'y a pas d'objet ni de texte. Juste deux pièces jointes. Intriguée, Julie télécharge les documents. Le premier ressemble à un programme d'enseignement. Le deuxième est une fiche d'inscription au DAEU. Pour le moment, elle est encore vierge. La démarche de Baptiste en dit long sur la nature de ses intentions. Julie sent un brusque mouvement de joie l'envahir. Un large sourire s'épanouit sur son visage. Elle l'imagine très bien obtenir son diplôme, et plus tard rejoindre les bancs de la fac. Il est brillant ! Qui sait jusqu'où il pourra aller ? Un espace de liberté sans limites semble soudainement s'ouvrir devant lui. Et si elle avait vraiment contribué à changer la vie de Baptiste ?

Emplie d'une joie sereine, Julie se laisse porter par une force et une légèreté inconnues. Elle fait un brin de toilette, s'habille rapidement, et descend les escaliers. Elle salue ses parents, qui prennent leur petit déjeuner dans la cuisine, encore assommés par les révélations de la veille. Puis elle sort tout simplement, son sac sur l'épaule. Elle marche d'un pas léger vers une destination mille fois empruntée, sur les pas d'une petite fille qu'elle connaît bien.

L'imposante grille en fer forgé s'ouvre lentement tandis que Julie se glisse dans l'allée principale. Le parc est désert. Une fine brume flotte sur la plaine centrale, conférant au paysage une atmosphère onirique et irréelle. Julie avance lentement, accompagnée par les jeux d'ombres dans les bosquets, ponctués çà et là des reflets de lumière sur les gouttes de rosée.

Il apparaît soudainement au détour du chemin, telle une imposante montagne surgie brusquement des entrailles de la terre. Drapé dans la brume, le château semble plongé dans un sommeil séculaire, comme si un sort étrange s'était abattu sur ses larges et hautes murailles. Julie s'arrête un moment, fascinée par le mystérieux géant de pierre. Son regard suit les créneaux et les toits pointus, embrasse la silhouette tourmentée. Elle s'amuse de la forme des gargouilles, admire la délicatesse des dentelles de pierre conservées ça et là, témoignant du goût italien du prince de la Renaissance qui l'avait fugacement habité. Emplie du calme des lieux, Julie s'avance vers le château jusqu'à atteindre le pied des murailles.

Avec déférence, elle pose sa main sur ces pierres qui ont traversé le cours des siècles. Froides et irrégulières, elles portent les stigmates des meurtrissures du temps. Figées dans le silence, elles ont tant d'histoires à raconter. Suivant le trajet de sa main, Julie les contemple avec émotion. Puis elle s'adosse au mur glacé et humide. Ferme les yeux. Des murmures jusqu'alors inaudibles parcourent les veines de pierre, suscitant de multiples échos. Les souvenirs remontent un à un pour venir éclore à la surface des eaux troubles de la mémoire, emportant avec eux des émotions intenses et indicibles. Julie ne se dérobera pas. Pas cette fois. Elle affronte ces blessures intimes avec détermination, épousant le mur dense et solide. Les scènes s'espacent peu à peu. Les vagues s'apaisent pour laisser place à une eau claire et transparente, révélant le spectacle inédit des profondeurs. Julie accueille avec soulagement ce retour au calme. Elle renoue patiemment avec elle-même.

Après un moment de recueillement silencieux, Julie rouvre les yeux. Elle longe les murs du château jusqu'à la rivière qui le borde d'un côté, contemple le cours mouvementé des eaux limpides. L'apaisement s'estompe peu à peu pour laisser place à une ancienne tristesse. Une jeune fille pleure, appuyée sur la rambarde du vieux pont de pierre. La lumière du soir anime de reflets roux sa longue chevelure brune, rappelant à Julie une image familière. Elle porte un sac à dos à la main. Lentement, elle en sort plusieurs cahiers. Elle attend un instant, cherchant l'élan de courage qui lui manque. Puis elle semble soudainement se résoudre. Elle jette un à un les cahiers dans le cours bouillonnant de la rivière. Elle les regarde s'éloigner avec une infinie douleur. Julie suit des yeux les carnets qui voguent au gré du courant, comme si elle avait voulu les retenir. Jusqu'à ce qu'ils se mêlent à l'écume et qu'elle ne puisse plus les distinguer au loin. Puis elle regarde de nouveau le pont. La jeune fille a disparu. Une clarté matinale achève doucement de dissiper la brume qui hante les eaux.

Julie traverse le pont et s'assoit sur un banc de bois au bord de la rivière. Elle écoute avec nostalgie la rumeur cristalline des flots. Puis elle ouvre son sac et sort le cadeau de Baptiste. Elle dénoue la ficelle de chanvre, rompt le cachet de cire et déplie soigneusement le parchemin enluminé. Le livre ressemble à s'y méprendre à un grimoire. La couverture de cuir marron évoque l'écorce d'un vieil arbre. Elle est ornée de fines dorures qui s'entrelacent et forment des arabesques étranges. Les signes calligraphiés d'un alphabet inconnu. Elle ouvre le livre au hasard. Les pages sont blanches. Vides. C'est un carnet d'écriture. Le cœur de Julie s'emballe. Elle referme le carnet, prend une profonde inspiration. Puis elle l'ouvre de nouveau. À la première page cette fois-ci.

En guise de dédicace, Baptiste a tracé d'une écriture élégante : « Bienvenue, Ariane… » Julie sourit, émue. Elle saisit fébrilement un stylo, tourne la première page. Puis elle contemple la nouvelle page vierge. Elle ferme les yeux.

Un courant intérieur jaillit soudain, charriant avec lui un flot de pensées et d'images. Des mots s'assemblent à toute vitesse, retranscrits par le tracé du stylo sur la page. Julie ne contemple plus le cours d'eau depuis la berge. Elle est la rivière. Elle épouse ses méandres au rythme des mots.

Tandis qu'elle écrit, une présence émerge, de plus en plus intense. Julie la reconnaît pour l'avoir hébergée tant de fois. *Tu m'as manqué.* Le sentiment d'étrangeté a laissé place à une douce sensation de plénitude. *J'ai toujours été là.*

Dans l'ombre, Ariane a accompagné Julie à chacun de ses pas. Elle a attendu, patiemment, qu'elle se retourne enfin et se reconnaisse elle-même. Ariane est Julie. Julie est Ariane. Elle n'a plus honte, elle n'a plus mal. Elle n'a plus peur. Des larmes de joie coulent sur ses joues.

Pour la première fois depuis dix-huit ans, elle se sent entière.

Elle savoure cette liberté toute neuve. Devant elle se dessine une vie à inventer. Une vie qui lui ressemble.

ÉPILOGUE
LE ROMAN DE BAPTISTE

Extrait du fichier envoyé à Julie

Chroniques des Neuf Duchés

Dans la tente d'état-major régnait un silence fébrile. Une inquiétude profonde pouvait se lire sur le visage des généraux, dont les regards se croisaient à intervalles réguliers et finissaient par se fixer sur l'imposante silhouette du duc, en quête d'une décision salvatrice. Un capitaine de compagnie d'archerie légère, essoufflé, appuyé sur la table de commandement, peinait à se remettre de la folle course qui l'avait amené jusque-là. Ses cheveux bruns collaient à son visage baigné de sueur. Sa cape en lin vert, déchirée au niveau des jambes, témoignait des obstacles qu'il avait rencontrés en traversant les sous-bois de la Forêt de Val, où sa compagnie accomplissait une mission de repérage. Ses traits étaient figés, témoignant de l'importance de ce qu'il venait de découvrir.

Le duc, l'air soucieux, scrutait avec attention la carte étalée sur la table et suivait à la lueur d'une lanterne les sentiers et les massifs dessinés sommairement à la plume.

Bérold, duc d'Aspéride, troisième du nom, était un personnage imposant et haut en couleur. Grand et solidement charpenté, il portait un habit de brocard vert aux reflets moirés, assorti d'une culotte bouffante en velours noir. Une grande cape noire d'une belle ampleur, en laine fine, reposait sur ses épaules et lui tombait jusqu'aux chevilles, où elle recouvrait en grande partie des bottes hautes en cuir noir. Une fibule d'argent ouvragée retenait la cape à la base de son cou. Une pierre d'améthyste taillée, suspendue à une chaîne d'argent, animait sa poitrine de reflets changeants. Son visage avait des traits doux et réguliers, soulignés par un fin collier de barbe noire, éclairé par un regard vert, vif et profond. De longs cheveux noirs tombaient sur ses épaules, où ils semblaient se fondre avec la cape de laine, tout aussi noire. Au sommet du personnage se dressait un chapeau mou en velours noir, surmonté d'une longue plume d'un vert éclatant qui imposait aux interlocuteurs avisés une distance prudente. Il était difficile d'attribuer au duc un âge précis. Les traits de son visage étaient si lisses qu'on aurait pu le croire jeune, supposition aussitôt démentie par l'intensité de son regard, et par le charisme qui se dégageait de cet homme rompu à l'exercice du pouvoir. Si l'interrogation avait pu effleurer l'esprit de certains de ses sujets, ils se seraient bien gardés d'assouvir leur curiosité. On ne se risquait pas à provoquer le courroux d'un mage à la légère. La voie du Temps avait ses secrets et il valait mieux ignorer certaines choses.

Bérold suspendit la lanterne au-dessus d'un espace couvert d'arbres. Les yeux plissés, il semblait déchiffrer un texte énigmatique que lui seul pouvait voir. Le regard de tous convergea vers le point qui retenait l'attention du duc, dont le silence semblait de plus en plus inquiétant. Il posa la lanterne, pointa le centre de l'endroit boisé et s'adressa au capitaine des archers.

— C'est là que tu l'as vue, n'est-ce pas ?

— Oui, monseigneur. La forêt est très dense à cet endroit, il est facile de ne pas la remarquer. Mais il y a bien une clairière – ou plutôt ce qu'il en reste. Elle est dissimulée par d'épais buissons. C'est la régularité des plantations qui a alerté mes hommes. Dans les autres secteurs de la forêt que nous avons parcourus, ces variétés poussent de manière plus clairsemée. Tout cela ne semblait pas très naturel.

— Tes hommes sont avisés, capitaine. Qu'avez-vous fait ensuite ?

— Merci, monseigneur. Il faisait encore jour. Nous avons continué prudemment au-delà des buissons – ce qui n'a pas été évident, même si nous avons l'habitude des fourrés. La végétation était touffue, comme si elle voulait nous ralentir. Et elle était aussi de plus en plus étrange. Notre guérisseuse maîtrise des rudiments de magie des plantes et des bêtes. Elle percevait la détresse des animaux de la forêt qui fuyaient ce lieu. Elle a senti une magie de plus en plus puissante qui imprégnait peu à peu la végétation à mesure que nous progressions.

Le regard du duc quitta la carte pour se river sur le visage du capitaine.

— Une magie de plus en plus puissante, tu as dit ?

— Oui. C'était une sensation désagréable et inquiétante. La guérisseuse a parlé d'une force « qui allait contre les lois établies et qui aspirait au changement »...

Une grimace déforma le visage du capitaine. Il frissonnait à l'évocation de ces paroles, en proie au souvenir de sa vision.

Le duc le fixait avec une intensité croissante, sa patience s'amenuisait. Il le somma de continuer d'une voix impérative.

— Qu'as-tu vu, capitaine ?

— Au centre de la ceinture de végétation, il n'y avait… rien.

— Que veux-tu dire ?

— Tout était ravagé. Comme si une gigantesque tornade avait balayé la clairière et ses occupants. Une tornade ardente.

— Ardente ?

— L'herbe était calcinée en de nombreux endroits. Notre guérisseuse a remarqué que les traînées noires n'étaient pas réparties au hasard. Elles dessinaient d'étranges arabesques sur le sol.

Le capitaine d'archerie fouilla fébrilement l'escarcelle suspendue à sa ceinture. Il en sortit un morceau de parchemin chiffonné qu'il prit soin de déplier et d'aplatir avant de le tendre respectueusement au duc. Bérold saisit le parchemin jauni et posa son regard sur les signes griffonnés à la hâte. Son visage se décomposa. Il tentait de conserver son calme.

— Je te remercie, capitaine, pour cette information précieuse.

— À votre service, monseigneur.

— Tu peux te retirer. Tes hommes doivent rentrer au camp sains et saufs. Qu'une escorte aille à leur rencontre.

Tandis qu'on s'empressait diligemment de porter ses ordres, Bérold s'effondra sur un siège de campagne, la mine grave. Il semblait réfléchir à toute allure, parcourant en quelques secondes une quantité considérable d'hypothèses. Il sentait peser sur lui le regard avide de réponse des généraux. Leur inquiétude palpable envahissait l'espace de ses déductions tactiques. Il se mit brusquement à tonner :

— Que tout le monde sorte ! Clotaire, va quérir Cornélius ! Sur-le-champ !

— Bien, monseigneur !

Clotaire déguerpit. Il excellait en vitesse et en discrétion, raison de son ascension fulgurante à la charge de messager personnel du duc d'Aspéride. Les compétences des généraux étaient d'un autre ordre. Un gigantesque brouhaha envahit la tente d'état-major. Un troupeau d'éléphants semblait chercher la sortie sans avoir manifestement envie de la trouver. Ils se lançaient des regards embarrassés, échangeaient des murmures inquiets, gagnaient du temps. Le regard courroucé du duc suffit à motiver les troupes, qui se décidèrent à détaler promptement. Un silence bienvenu s'invita dans la tente. Bérold parcourait enfin seul le fil de ses pensées.

Depuis qu'ils avaient pénétré dans cette forêt, leur progression lui semblait d'une lenteur inhabituelle. Ils auraient dû atteindre les plaines du Nord depuis plusieurs jours. Mais aucune étendue d'herbe verte n'était apparue à l'horizon. Aussi loin qu'elles pouvaient aller, les compagnies d'éclaireurs revenaient avec les mêmes observations : des arbres centenaires et des fourrés à perte de vue. La forêt paraissait interminable. La carte de ses massifs rajoutés à la plume s'allongeait de jour en jour. Bérold commençait à regretter d'avoir répondu à l'appel de la duchesse de Vertmont. Mais les duchés se devaient entraide et protection depuis le traité signé par son père, Bérold d'Aspéride, deuxième du nom. Ne pas l'honorer aurait mis en péril une paix durement conquise, qui régnait sur les Neuf depuis plusieurs décennies.

L'épais drap de lin s'écarta pour laisser entrer un homme aux longs cheveux blancs, enveloppé dans une cape de laine bleu nuit.

— Tu m'as fait appeler, mon roi ? Que puis-je pour ton conseil ?

— Cornélius, je t'en prie. L'heure n'est pas à la plaisanterie. Je t'ai déjà demandé de ne plus faire référence à cette prophétie douteuse.

Cornélius eut un petit sourire amusé. Il ne se lassait pas de taquiner Bérold à ce sujet. Il le connaissait depuis le berceau. Cornélius était un ami proche de son père, à qui il avait confié la lourde tâche de lui enseigner les sciences. Ensemble, ils avaient passé de longues heures dans l'observatoire du château, à étudier le ciel et ses manifestations. L'astronome avait aussi contribué à éveiller l'intérêt du duc pour l'art moins officiel de la magie. Cornélius avait promis à Bérold père sur son lit de mort de veiller sur son fils. Il s'acquittait de cette tâche autant que son protégé le lui permettait.

— Nos avis divergent sur la question.

— Ce sont des histoires qui servent à distraire les enfants lors des soirées d'hiver.

— Comme tu voudras, Bérold.

Le mage céleste se tut. Un éclair malicieux passa dans son regard. Il se permit d'ajouter :

— Mais personne n'échappe longtemps à son destin.

— Cornélius, ça suffit. Je ne t'ai pas fait venir pour entendre ces sornettes.

Le duc n'était pas d'humeur joueuse. Il soupira et tendit le morceau de parchemin défraîchi à son ami.

— Regarde plutôt ces traits. Qu'en dis-tu ?

Le visage du vieil homme se figea. Ils échangèrent un regard entendu.

— Tu connais ce symbole autant que moi. Il a précédé de nombreux événements de par le passé. Où a-t-il été découvert ?

— Nos archers l'ont trouvé au centre d'une clairière cachée par un anneau végétal. L'herbe a été brûlée pour le tracer au sol. La clairière était dévastée. Dans cette fichue forêt où nous tournons en rond depuis maintenant des semaines !

Bérold maudissait les complications diverses. Dire que cette expédition ne devait être qu'un détour, une petite promenade. Cornélius hocha la tête avec admiration.

— Ils sont étonnants ces archers. Étonnants. Repérer un anneau végétal dans une forêt pareille, et parvenir à le traverser. Non, vraiment ! Ils ont des mages parmi eux ?

— Une guérisseuse… qui est aussi herboriste je crois. D'après le capitaine de la compagnie, elle maîtrise des rudiments de magie naturelle. Quant à eux, ce sont de vieux briscards. Ils ont beaucoup d'expérience. Mon père leur faisait confiance.

Le vieil homme eut un petit sourire énigmatique. Combien étaient-ils à avoir juré à Bérold père de veiller sur cette adorable tête aux cheveux noirs pleine d'obstination ?

— Je vois…

Il planta son regard dans celui du duc.

— Un anneau végétal nécessite plus que des « rudiments de magie naturelle ». Il faut une grande puissance magique pour passer au-delà des arbres gardiens, encore davantage pour protéger toute une compagnie, fussent-ils de vieux briscards expérimentés, durant la traversée de la barrière de feuillage.

— Je sais que c'est un sortilège puissant. Un des plus puissants de la voie de la Terre. Il se peut que l'anneau ait été affaibli, pour une raison qui nous échappe.

— C'est possible…

— La question qui me taraude est : qu'est-ce que cet anneau protège ?

— Qu'est-ce qu'il protégeait ? corrigea Cornélius.

— Je l'ignore. Pas plus que je ne comprends le lien entre cet anneau végétal et le signe découvert au centre de la clairière. Ce sont deux voies magiques différentes.

— C'est étrange, en effet.

Le vieil homme sembla réfléchir. Un élément s'imposa soudainement à son esprit.

— À moins que…

— À moins que quoi ?

— La conjonction des astres est pour le moins curieuse ce soir. J'étais en train de contempler le ciel quand Clotaire est venu me trouver, avec sa diligence habituelle.

— Que disent les étoiles ?

— Leur positionnement peut sembler contradictoire à première vue. Je pense que leur message est complexe. Elles parlent d'un danger qui n'est pas un ennemi. Elles parlent d'un grand changement à venir, dont l'issue n'est pas encore visible. Elles parlent de choix… oui, je crois bien… de choix.

Les interprétations de Cornélius paraissaient nébuleuses de prime abord. Il se plaisait souvent à répéter que les astres ne donnaient pas de réponses, mais qu'ils offraient des indices capables d'éclairer le sage sur le chemin de l'avenir. La clarté de ses déductions devenait évidente lorsque la configuration prédite arrivait. Et elle arrivait bel et bien. Sous ses airs de vieil original, Cornélius était un puissant mage céleste. Bérold méditait les paroles de son ami. Il aurait aimé comprendre avant que toutes les pièces s'assemblent. Avant que les rouages du temps ne précipitent le cours des événements.

PETIT GUIDE À L'USAGE DE CEUX QUI SE DEMANDENT S'ILS SONT (TRÈS) INTELLIGENTS

1) Qu'est-ce que le haut potentiel ?

Le haut potentiel intellectuel désigne une intelligence beaucoup plus élevée que la moyenne. Par convention, on situe le seuil du haut potentiel à partir d'un quotient intellectuel (QI) égal ou supérieur à 130.

Le quotient intellectuel (QI) est un score qui donne une estimation des capacités intellectuelles. Il se répartit dans la population selon une courbe dite « gaussienne » :

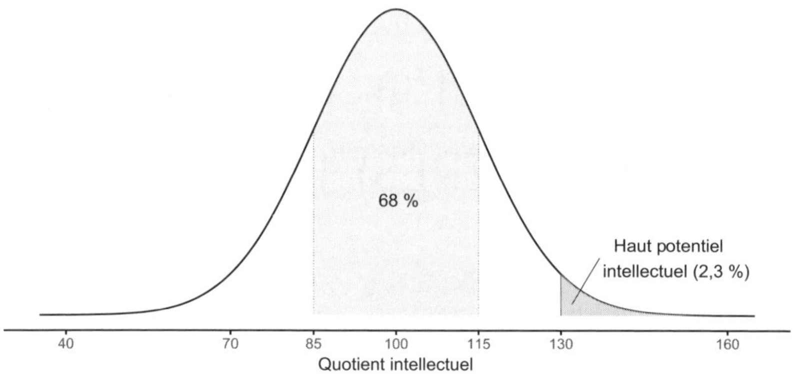

Le QI a une moyenne de 100 et un écart-type de 15, ce qui signifie que 68 % de la population obtient un résultat situé entre 85 et 115. Un score de 130, le seuil conventionnel au-delà duquel on parle de haut potentiel, se situe à deux écarts-types au-dessus de la moyenne. Seuls 2,3 % de la population présente un QI égal ou supérieur à 130. Le haut potentiel intellectuel est une différence rare.

D'autres termes peuvent être utilisés pour désigner les personnes à haut potentiel intellectuel : on parle de surdoués, doués. Dans le monde anglo-saxon, on utilise l'expression « *gifted* ».

2) À quoi reconnaît-on une personne à haut potentiel intellectuel ?

Les caractéristiques qui font supposer la présence d'un haut potentiel sont liées à l'intelligence, aux capacités cognitives : rapidité de raisonnement, capacité à résoudre des problèmes complexes, finesse d'analyse. Elles peuvent se manifester par des centres d'intérêt liés au besoin de défi intellectuel et de complexité. Les personnes à haut potentiel intellectuel sont souvent curieuses, éprouvent une véritable soif de connaissance. Elles sont en moyenne plus ouvertes (ouverture aux idées, ouverture à l'imagination, aux valeurs, aux expériences…) et plus créatives, mais pas toujours.

Chez les enfants, le haut potentiel se traduit par une avance dans le développement intellectuel par rapport aux enfants du même âge. On parle alors de « précocité intellectuelle ». Cette avance est souvent perceptible sur le plan du langage (développement précoce du langage, vocabulaire riche et varié, expression complexe) et des apprentissages (grande facilité à acquérir de nouvelles connaissances).

Cependant, il existe des profils très différents, aussi bien sur le plan intellectuel que sur le plan émotionnel. Certaines personnes à haut potentiel se passionnent pour les sciences, tandis que d'autres trouvent leur bonheur dans la littérature et les arts. Certains sont hypersensibles, d'autres pas. Il n'existe pas de personnalité type, car chacun est le produit d'une histoire unique.

3) Comment savoir avec certitude qu'on est concerné par le haut potentiel ?

On ne peut identifier le haut potentiel qu'à travers des performances qui illustrent une grande intelligence. Lorsque le parcours d'une personne est jalonné de réussites scolaires et professionnelles de haut niveau, il est probable qu'elle présente un haut potentiel intellectuel. Mais toutes les personnes à haut potentiel ne connaissent pas un parcours brillant. Si on souhaite en avoir la certitude, il convient de passer un test d'intelligence qui mesure le quotient intellectuel.

4) Les tests qui évaluent l'intelligence

Les tests les plus couramment utilisés pour mesurer l'intelligence sont la WISC (Wechsler Intelligence Scale for Children) pour les enfants et la WAIS (Wechsler Adult Intelligence Scale) pour les adultes. La WISC et la WAIS sont des batteries complètes d'évaluation de l'intelligence au travers de plusieurs épreuves (appelées « subtests ») qui mesurent chacune des aspects différents des capacités cognitives. Parmi les subtests, on compte par exemple des exercices de logique et de calcul mental, des épreuves de mémoire ou encore des tests de vocabulaire et de définition de concepts.

Les notes obtenues aux différents subtests permettent de calculer des indices qui mesurent chacun une composante de l'intelligence. Elles permettent aussi de calculer le quotient intellectuel total (QI).

5) Les résultats sont-ils fiables ?

Les tests d'intelligence qui mesurent le QI sont élaborés de manière rigoureuse et étalonnés à partir d'un échantillon important et représentatif de la population générale. Ils sont donc assez fiables. Cependant, les tests ne fournissent pas une évaluation exhaustive de l'intelligence, car le nombre d'épreuves est limité : ils ne mesurent que certaines composantes de l'intelligence. Ils ne disent rien, par exemple, de l'intelligence émotionnelle ou de la créativité.

De plus, la performance aux tests peut légèrement varier d'une passation à l'autre. C'est pourquoi il est conseillé de présenter le résultat sous la forme d'un intervalle de confiance, qui englobe les différentes variations possibles. Par exemple, pour un QI total estimé à 130, l'intervalle de confiance à 95 % situe la note réelle de la personne entre 124 et 134. Cela signifie qu'il y a 95 % de chances pour que son QI réel soit compris entre 124 et 134. La performance peut être aussi influencée par différents facteurs : l'anxiété, la motivation, la disponibilité de la personne au moment de l'épreuve, le degré de fatigue, la personnalité (perfectionnisme, évitement...), les expériences personnelles précédentes (rapport à l'évaluation, croyances sur soi).

Il arrive aussi qu'on ne calcule pas le quotient intellectuel total, car il existe trop d'écart entre les notes obtenues aux différents indices. En effet, à partir d'un écart de 15 points entre les deux indices principaux de la WAIS, par exemple, on considère qu'il n'y a pas de sens à calculer un QI total, car il n'est pas représentatif de la diversité des compétences de la personne. On examine alors uniquement le détail des notes aux indices et on considère la présence d'un haut potentiel par domaine. Certaines personnes peuvent présenter un haut potentiel dans le domaine verbal, d'autres dans le domaine visuo-spatial.

Enfin, les tests d'intelligence ne concernent que les capacités cognitives. Ils n'explorent pas la personnalité, ni les aspects émotionnels. Pour avoir une idée du fonctionnement psychologique général d'une personne, il convient de passer un bilan complet incluant des épreuves d'exploration de la personnalité, et des échelles spécifiques d'évaluation des troubles (anxiété, dépression...) si la situation le nécessite.

6) Comment passer les tests ?

Pour passer la WISC ou la WAIS, il faut s'adresser à un psychologue qui a l'expérience du bilan psychologique. Ces tests se déroulent en face à face, jamais sur internet ou à distance.

Le professionnel reçoit la personne lors d'un premier entretien afin de comprendre sa demande d'évaluation, d'en mesurer la pertinence, et de choisir les tests qui pourront être proposés (tests d'intelligence, épreuves explorant la personnalité, échelles d'évaluation des troubles spécifiques). Les informations recueillies permettent également de mieux comprendre les résultats aux tests et le comportement de la personne pendant l'épreuve.

En fonction des tests choisis, l'évaluation se déroule sur un ou plusieurs rendez-vous. Un entretien de restitution est ensuite proposé, au cours duquel le psychologue donne un compte-rendu oral ou écrit des résultats aux tests, et en explique le sens. Il relie ces résultats à la demande initiale de la personne, et les situe dans une démarche de connaissance de soi.

7) Quand faut-il passer un test d'intelligence ?

Consulter un psychologue pour passer un bilan n'est pas une démarche anodine. Les tests livrent des informations sur soi qu'il faut être prêt à entendre, quels que soient les résultats de l'évaluation.

Si beaucoup d'enfants voient sous un aspect ludique la passation d'un test, les adultes quant à eux perçoivent très bien tous les enjeux personnels et sociaux liés à l'évaluation de l'intelligence. Ils sont souvent anxieux et redoutent les résultats : « Et si, finalement, je n'étais pas aussi intelligent que je le crois ? » Les doutes sont encore plus présents s'ils n'ont pas eu un parcours scolaire et professionnel brillant, ou s'ils manquent de confiance en eux. L'intelligence est valorisée tout au long de la vie, d'abord à l'école, puis dans le milieu du travail. Elle est présentée comme une qualité désirable, ceux qui en sont dotés sont enviés. Savoir ou non qu'on est intelligent a des effets sur l'estime de soi.

Dans certaines circonstances, l'évaluation de l'intelligence est nécessaire. Quand on suspecte un problème d'attention, quand on veut comprendre les raisons de difficultés dans les apprentissages, une batterie complète d'évaluation de l'intelligence paraît incontournable pour évaluer le fonctionnement cognitif.

En revanche, quand aucune urgence clinique ne vient motiver la passation d'un test, il convient de prendre le temps de réfléchir aux enjeux liés à l'évaluation de l'intelligence. Êtes-vous prêt à accueillir le résultat, quel qu'il soit ? Si votre motivation pour passer le test est de savoir si vous êtes une personne à haut potentiel : à quel point tenez-vous à être identifié comme tel ? Quelles en seraient les conséquences si vous n'obteniez pas un QI égal ou supérieur à 130 ? Le seuil de 130 est une convention statistique basée sur un seuil de rareté. Mais il n'existe pas de frontière. L'intelligence est une variable continue. Tout ne change pas radicalement à partir de 130. Avoir un QI de 120 ou de 125, c'est déjà être très intelligent et disposer d'importantes ressources cognitives. Si vous êtes prêt à affronter le résultat, quel qu'il soit, comme un élément de simple connaissance sur vous-même, alors vous êtes prêt à passer le test.

8) Le haut potentiel : une différence

Le haut potentiel intellectuel n'est ni un trouble psychologique, ni un handicap. Ce n'est pas une pathologie : c'est pourquoi on ne parle pas de « diagnostic ». Le haut potentiel est une variation importante par rapport à la norme : c'est une *différence*. On préfère parler d'*identification* plutôt que de diagnostic.

On observe souvent la croyance selon laquelle une très haute intelligence serait source d'une grande souffrance et exposerait davantage à développer certains troubles psychologiques. Cette représentation du haut potentiel s'est construite car beaucoup de personnes ont été identifiées dans le cadre de consultations pour des problèmes psychologiques. Mais on ne savait rien des personnes à haut potentiel qui ne consultaient pas : elles n'étaient simplement pas identifiées.

Il existe à présent de grandes études en population générale menées dans différents pays. Selon ces recherches, les personnes à haut potentiel intellectuel ne présenteraient pas plus de troubles psychologiques (diagnostics de maladies mentales) que les autres

– elles en présenteraient même moins en moyenne. En général, elles réussiraient mieux scolairement et professionnellement.

Cela ne veut pas dire qu'elles réussissent toutes, ou qu'elles réussissent à la mesure de ce que leur potentiel leur aurait permis d'espérer. Cela ne veut pas dire non plus que, dans certaines circonstances, avoir une différence ne peut pas générer de souffrance psychologique, ou de difficultés à construire une vie épanouissante en accord avec cette différence. Cela va dépendre de l'environnement et de la personnalité de chacun. Un vécu intérieur douloureux ne fait pas nécessairement l'objet d'un diagnostic, ni d'une prise en charge psychologique, surtout lorsque la personne est résiliente et parvient à se construire en surmontant les épreuves qu'elle traverse. Le haut potentiel est globalement une *ressource*, mais le trajet qui mène à l'épanouissement personnel n'est pas toujours simple.

9) Pourquoi est-ce parfois difficile ?

La personne à haut potentiel intellectuel, parce qu'elle possède une différence rare, se confronte à plusieurs enjeux qui vont influencer son parcours de vie. Le premier est un enjeu de *construction identitaire*. Il est plus facile d'avoir une représentation juste et valorisante de soi quand l'entourage accueille avec bienveillance le haut potentiel, où quand il comporte d'autres personnes présentant les mêmes particularités (parents ou amis à haut potentiel). Mais ce n'est pas toujours le cas. Pas facile de construire une image fidèle de soi-même quand on ne trouve pas de personne à laquelle s'identifier. Comment alors donner sens aux caractéristiques liées à cette différence : au besoin de complexité, de stimulation intellectuelle, aux centres d'intérêt différents, à cette grande rapidité de compréhension et d'apprentissage ? Certains peuvent être tentés de les ignorer ou de les enfouir, pour se conformer à l'image générale renvoyée par les autres, dans laquelle ils ne se reconnaissent que partiellement. D'autres, dans l'incapacité de masquer ces différences à eux-mêmes comme aux autres, peuvent avoir des difficultés à les comprendre et se forger une image négative de leurs particularités, surtout si elles sont mal comprises par l'entourage.

Le deuxième enjeu lié à une différence rare est un enjeu d'*intégration sociale*. Être différent n'est pas toujours bien accueilli par les autres. Tout va dépendre de l'environnement (plus ou moins ouvert), de la personnalité de chacun et de ses capacités d'adaptation. Dans certains milieux, l'intelligence est valorisée et la personne à haut potentiel est vue avec bienveillance ou admiration. Dans d'autres, ce sont des caractéristiques différentes qui prévalent : l'apparence physique, la force, l'agilité, l'affirmation. Trouver sa place dans un groupe va dépendre du milieu, des valeurs qui sont dominantes et du profil de la personne à haut potentiel (quelles sont ses autres caractéristiques, en dehors de l'intelligence ?). Ainsi, on peut trouver des personnes à haut potentiel bien intégrées socialement et respectées dans leurs particularités. Mais à l'inverse, d'autres se sentent isolées et marginalisées. Parfois, l'intégration sociale est une adaptation de surface, faite de concessions aux normes en vigueur dans le groupe : l'isolement est alors davantage vécu comme une difficulté à partager son expérience intime, comme un sentiment de solitude intérieure.

Enfin, comme bien d'autres, le parcours de vie des personnes à haut potentiel les confronte à un enjeu d'*accomplissement de soi*. Cet accomplissement passe par la sphère personnelle (amour, amitié, famille, loisirs) et par la sphère professionnelle (travail épanouissant, en accord avec soi et ses valeurs). Quand la personne à haut potentiel méconnaît ses particularités, elle peut passer à côté de besoins spécifiques (besoin de stimulation intellectuelle, de complexité) qui doivent être pris en compte dans ses choix de vie. À l'inverse, lorsqu'il est reconnu, le haut potentiel peut placer d'emblée la personne face à une exigence de réussite : des grandes capacités semblent impliquer des performances hors du commun. Comment se réaliser à la mesure de ses capacités et de ses besoins ?

10) L'enfant à haut potentiel et l'école 

Les enfants à haut potentiel intellectuel réussissent en moyenne mieux à l'école. Cependant, ils peuvent éprouver des difficultés à s'adapter à un système scolaire conçu pour le plus grand nombre et qui peine à suivre leur rythme. Certains enfants s'ennuient et se désintéressent des apprentissages proposés en classe.

Des aménagements existent pour réconcilier les enfants à haut potentiel avec l'école, et pour leur permettre d'avancer à la mesure de leurs capacités. Ces aménagements sont de trois types : le regroupement (mettre les enfants à haut potentiel ensemble dans des groupes ou classes spécifiques), l'enrichissement (proposer des activités supplémentaires ou des contenus hors programme) et l'accélération (faire le même programme que les autres, mais en un temps plus court, en sautant une classe par exemple). Le regroupement a un effet bénéfique sur les résultats des élèves à haut potentiel, mais un effet négatif sur le niveau des autres élèves, car ils se retrouvent privés d'élèves moteurs dans les apprentissages. L'enrichissement permet de développer des centres d'intérêt différents et complémentaires avec les matières proposées en classe. Selon les études, l'accélération (dont le saut de classe) serait l'aménagement le plus efficace, tant en termes de résultats scolaires qu'en termes de mieux être pour les élèves à haut potentiel intellectuel.

Chaque décision d'aménagement du parcours scolaire doit être prise de manière individuelle, car chaque élève a une personnalité et des besoins différents.

11) Se connaître et comprendre son histoire

Pour répondre adéquatement à ses besoins, il est important d'en avoir conscience et de pouvoir les définir clairement. L'épanouissement personnel passe par une démarche de connaissance de soi. Qui êtes-vous ? Comment fonctionnez-vous ? Quelles sont les valeurs qui sont importantes pour vous ? L'intelligence est un élément important à prendre en compte. Si on a construit une image négative de ses capacités, savoir qu'on est une personne à haut potentiel permet d'identifier des besoins ignorés ou mal définis, de s'autoriser à explorer des voies que l'on pensait inaccessibles. Se réapproprier une partie de soi, qui jusqu'alors dormait dans l'ombre.

Mais l'identification du haut potentiel peut entraîner une véritable période de *crise identitaire* où tout est revu sous l'éclairage de cette nouvelle connaissance. La tentation est alors grande de tout expliquer à la lumière d'une très haute intelligence : son comportement, sa personnalité, ses relations avec les autres, son histoire. Il est évident qu'être très intelligent peut influencer l'expérience de la vie. Mais cela ne résume pas toute la complexité d'un parcours, car l'intelligence interagit en permanence avec une multitude d'autres facteurs : l'environnement, la personnalité, les opportunités... Chaque histoire est le produit de cette interaction complexe. C'est cette histoire unique qui fait de vous la personne que vous êtes aujourd'hui. Vous n'êtes pas que votre intelligence. Vous êtes bien plus que cela !

12) Le lien aux autres

De nombreuses personnes à haut potentiel décrivent ce sentiment précoce de ne pas être exactement comme tout le monde, de se sentir en *décalage* par rapport aux autres. Ce décalage peut renvoyer à une différence de rythme : très tôt, les enfants à haut potentiel expérimentent leur plus grande rapidité dans l'acquisition des nouvelles connaissance, leur avance sur le plan intellectuel. Mais le décalage est également sensible dans les domaines d'intérêt spontanés, lorsque la personne à haut potentiel n'a pas la possibilité de partager ses passions avec les autres. Plus l'identification aux autres est importante (à l'adolescence, par exemple), plus le décalage peut se faire ressentir comme une menace d'exclusion sociale.

Dans un milieu qui tolère mal la différence et où la pression de normalisation est forte, deux solutions s'offrent à la personne : le camouflage ou l'affirmation de la différence. Le camouflage peut prendre des formes variées : dénier complètement une partie de soi, miser sur d'autres caractéristiques plus « populaires » pour rendre moins visibles ses particularités, détourner l'attention. L'affirmation de la différence peut aller du « pari d'être soi » (« Autant être tel que je suis, et voyons comment les autres le vivent et s'y adaptent ») jusqu'à la revendication d'une forme de supériorité intellectuelle – souvent défensive face au sentiment d'exclusion. Quand la différence est affirmée, elle devient visible : pour soi, pour les autres. Il est possible de la reconnaître. Elle peut alors être repérée par des personnes qui partagent la même différence : devenir un appel au semblable.

Ces choix adaptatifs se font moins sentir quand l'entourage comprend déjà des personnes à haut potentiel avec lesquelles il est possible d'échanger. C'est pourquoi il est important de pouvoir aller vers des personnes qui partagent la même différence. Pour reconnaître des parties de soi chez l'autre, se sentir moins « étrange ». Pour briser le sentiment de solitude intérieure dans lequel certaines personnes à haut potentiel se sont construites. Mais aussi pour partager des intérêts communs, des similarités de fonctionnement : avoir enfin le sentiment d'être *au même rythme* que l'autre.

Cela ne veut pas dire qu'il ne faut fréquenter que des personnes à haut potentiel. Nous sommes faits de bien d'autres choses que nos capacités intellectuelles. Nous pouvons avoir des points communs différents, autour de la sensibilité par exemple. Cette diversité ouvre à d'autres formes de partage.

13) Épanouir le potentiel ? Oui, mais le bonheur avant tout !

Les personnes à haut potentiel réussissent mieux professionnellement en moyenne. Mais à travail égal, elles seraient moins satisfaites du contenu de leur poste. Faut-il penser qu'elles espéraient mieux ? Comment s'accomplir en exploitant comme il se doit ses grandes capacités ?

Pour ceux qui ont le sentiment de ne pas être vraiment à leur place dans le monde, il convient d'abord de repérer les freins à l'accomplissement du potentiel. Est-ce un manque de confiance en soi qui empêche d'entreprendre ? La peur de l'échec ? Ou tout simplement la peur de rencontrer ses limites ? Assurément, s'abstenir d'essayer protège de bien des déconvenues. Mais c'est aussi en essayant qu'on prend le risque de réussir, et d'en apprendre plus sur soi-même. Certains renoncent parfois par perfectionnisme : ils se fixent un objectif si élevé qu'il leur paraît impossible de se contenter d'une demi-mesure.

Même pour une personne à haut potentiel, il n'est pas possible de tout réussir tout de suite et sans effort. La facilité déconcertante que peuvent expérimenter certains enfants dans leur cursus scolaire n'est pas généralisable à toutes les formes d'accomplissement personnel et professionnel. Il faut se résoudre à essayer. Et parfois, à subir les chemins détournés qui mènent à l'accomplissement de grandes choses. Ces chemins faits de travail, d'efforts, de choix difficiles, de changements de direction. S'autoriser à apprendre de ses échecs et à être perfectible.

Toutes les personnes à haut potentiel n'ont pas envie d'emprunter un tel chemin. Ce n'est pas parce qu'on est doué pour quelque chose qu'on est obligé de s'y donner corps et âme. L'essentiel, c'est l'importance que cela peut avoir pour soi. Identifier ce qui nous rend heureux, que ce bonheur passe ou non par l'exploitation de l'intelligence et par le développement de toutes ses potentialités.

Remerciements

Je remercie chaleureusement tous les membres de l'équipe des éditions Leduc.s pour leur confiance, leur travail et leurs conseils, qui font de ce roman initiatique un beau projet collectif.

Je remercie aussi sincèrement toutes les personnes (relecteurs, amis) qui m'ont soutenue chacun à leur manière. Ils ont aidé ce livre à mûrir et à voir le jour.

ROMANS BIEN-ÊTRE

DANS LA MÊME COLLECTION, AUX ÉDITIONS LEDUC.S

Anna est en pleine rupture sentimentale et c'est décidé, elle ne retombera plus amoureuse ! Alors qu'elle se promène sans but dans les rues de Paris, elle entend le son envoûtant d'un bandonéon accompagnant la voix suave d'un chanteur argentin. Hypnotisée, elle pousse la porte qui semble mener à cette mélodie. Et soudain, Anna bascule dans un autre monde, celui du tango. Ce soir-là, elle comprend que sa vie ne sera plus jamais la même...

Achevé d'imprimer en février 2019
sur les presses de la Nouvelle Imprimerie Laballery - 58500 Clamecy
Dépôt légal : mars 2019 - N° d'impression : 901090

Imprimé en France

La Nouvelle Imprimerie Laballery est titulaire de la marque Imprim'Vert®